NATIVOS DE ALTA CLASSE

Bailarinos de Salão

&

Tocadores de Mbira

por

Alf E.F. Muronda

HIGH CLASS NATIVES

The Ballroom Dancers & Mbira Players

Portuguese Translation

Post-Editing

by

Margret Chipara & Oscar Fumo

ISBN   978-1-965398-09-8

Publicado por: MASAKA PUBLISHING MEDIA HOUSE
alf@cp7sisters.com

Índice

Dedicatória/Agradecimentos — 4

Descrição Temática — 5

Personagens — 6

Sinopse — 7

A PEÇA — 25

ACTOS DA PEÇA

Acto Um — 27
À noite, em casa dos Choto

Acto Dois — 65
Em casa dos Mlambo à noite

Acto Três — 71
Durante o dia, na varanda da casa dos Choto

Acto Quatro — 105
Em casa dos Choto à noite

Acto Cinco — 115
Em casa dos Mlambo , durante o dia

Acto Seis — 125
Em casa dos Choto, durante o dia

Acto Sete — *135*
No Escritório do Rwizi , durante o dia

Acto Oito — 143
Paragem de autocarro em Plumtree - durante o dia

Acto Nove — 151
Na sala de estar dos Choto, à noite

Dedicatória

Aos meus avôs Mupamombe e Unedhoro.

Aos meus irmãos Richard L Muronda e Dennis Nyagwaya e ao meu tio Biggie Chirikumarara, os nossos heróis familiares da luta pelo Zimbabwe.

À minha amiga falecida, Chiwoniso Maraire, uma das maiores virtuosas *mbira* do Zimbabwe. Na nossa amizade, o seu espírito reflecte-se neste trabalho.

Agradecimentos

Contar a história que deu origem a esta peça começou há muito tempo. No entanto, a peça nunca se teria concretizado se não fosse a grande, já falecida, Beverly Robinson, professora de artes cénicas, que se tornou uma inspiração e uma musa na minha vida quando eu andava na Universidade da Califórnia, em Los Angeles. Não há palavras para expressar quão agradecido estou para com ela.

Obrigado à minha família, sobretudo à minha esposa, Val, por me ter dado espaço e tempo para escrever, e um agradecimento especial à minha amiga, colega escritora, Jaky Tafara Chimutashu, cujas brincadeiras, sagacidade e críticas implacáveis ajudaram-me a sobreviver e superar as dúvidas que tinha sobre deixar os meus personagens antagonistas serem quem são sem actuar como o seu agente de relações públicas.

Se vale a pena ler este livro ou assistir à peça apresentada no palco, todo o crédito vai para as pessoas acima mencionadas, se ficar aquém das expectativas, a responsabilidade é inteiramente minha.

NATIVOS DE ALTA CLASSE
Bailarinos de Salão & Tocadores de *Mbira*

DESCRIÇÃO TEMÁTICA

Tendo como pano de fundo a opressão racial, as aspirações políticas africanas e a guerra contra o domínio da minoria branca no país, a peça é uma tragédia que se enquadra no final dos anos 1970 em Beatrice Cottages, uma área residencial num dos municípios africanos de Salisbury, Rodésia. A peça musical, NATIVOS DE ALTA CLASSE, serve-se das metáforas da música clássica de dança de salão europeia e da música tradicional africana *mbira* do Zimbabwe, enquanto comentário sobre o choque de culturas dentro de uma família forçada pelas circunstâncias da guerra a viver sob o mesmo tecto.

Esta peça é uma obra de ficção. Os nomes, personagens, lugares e incidentes ou são o produto da imaginação do autor ou são usados ficticiamente. Qualquer semelhança com pessoas reais, vivas ou mortas, eventos ou locais é inteiramente coincidência.

PERSONAGENS

Majasi:	um velho africano (Avô)
Rwizi:	Filho mais velho de Majasi (na faixa dos 40)
Sally:	Esposa de Rwizi (no final dos 30 anos)
Belinda:	Amiga de Sally (Tia Bee)
Sam:	Marido de Belinda
João:	O filho de 6 ano, de Rwizi e Sally
Tino:	Amigo de João, da mesma idade (6 anos)
André:	Irmão de Rwizi, de 18 anos
Benjani	Empregado doméstico (criado)
Chaitezvi:	Companheiro de idade e amigo de Majasi
Visitante Nocturna:	Mulher velha, tia de Sally
Tocadores de *Mbira* :	Chamu, Muchazo (namorada de André)
	Max, Ticha, Tawanda & Zodwa
Mr. Mlambo:	Proprietário da casa no bairro
Activistas políticos:	7 homens africanos e 2 mulheres
Camaradas:	2 Combatentes da Liberdade (guerrilheiros)
Mestre de cerimónia:	James Goto, um homem africano
McIntyre:	Um homem branco
Fotógrafo:	Jovem
Convidados:	Casais formalmente vestidos: brancos, indianos, mestiços ou africanos.

SINOPSE

A peça representa um 'pedaço' da vida na Rodésia por volta de 1977. A peça de nove actos decorre ao longo de um período de quatro meses. A história gira em volta da vida da família Choto que vive no enclave de Beatrice Cottages, que, na altura, estava alguns degraus acima das restantes habitações do povo africano designadas pelo governo no National African Township em expansão, agora conhecido por Mbare Township, localizado nos arredores de Salisbury (agora conhecida por Harare), a capital do país.

O patriarca da família Choto, Majasi, recentemente viúvo, vive em Beatrice Cottages, na casa do seu filho mais velho, Rwizi. A sua casa na aldeia foi incendiada pelas forças do Exército da Rodésia na Reserva Africana de Mhondoro, depois de terem morto a sua velha esposa enquanto castigo por aceitar o pedido de alguns guerrilheiros que passavam, levando consigo carne que precisava de ser cozinhada.

Rwizi, que se saiu bem na capital, Salisbury, numa altura em que os cargos de gestão e os cargos sociais eram difíceis para os africanos conseguirem no país controlado por uma minoria branca, é vice-gerente no Departamento de Serviços de Rendimentos da cidade de Salisbury. A sua esposa, igualmente bem-sucedida, é Sally. Ela exerce uma função de alto nível como matrona no Harare African General Hospital. Rwizi e Sally têm um filho de 6 anos, João. A melhor amiga de Sally é uma colega matrona, Belinda, que é casada com Sam, um homem de negócios. Os dois casais são considerados de classe média alta na comunidade africana da época.

No início da história, Rwizi chegou do trabalho acompanhado pelo irmão mais novo, André, de 18 anos, que tinha chegado ao seu escritório no final daquela tarde do colégio internato onde tinha acabado de terminar o quarto ano. Normalmente, André estaria a ir para casa na reserva africana em Mhondoro onde ficava a sua aldeia, mas já não havia casa naquela reserva em Mhondoro para André ir.

Sendo assim, naturalmente, André vem à cidade visitar o irmão mais velho, que tem pago os seus estudos, para ver como garantir o seu futuro e o seu alojamento longe das perigosas zonas onde se realiza a guerra e das reservas.

Naquela noite, na conversa privada que se seguiu entre Rwizi e a esposa no quarto, Sally deixa claro ao marido que não tem intenção de acomodar o pai dele ou o irmão mais novo na sua casa por mais tempo do que devia, e está simplesmente a ajudá-lo com os seus familiares. Ela justifica a sua falta de hospitalidade alegando que a presença da família de Rwizi na sua casa irá perturbar o seu objectivo de criar o seu filho, João, para ser uma pessoa de cultura europeia.

Rwizi deve muito ao pai. Foi o pai dele que vendera a maioria do pequeno rebanho de gado familiar para pagar os seus estudos superiores, o que lhe permitiu conseguir um emprego de gestão no Departamento de Rendimentos da Cidade de Salisbury. Também foi o pai que lhe emprestara o dinheiro para pagar a entrada da casa em Beatrice Cottages onde vivem, facto que ele nunca partilhou com a mulher Sally (justificando a não-divulgação à mulher pelo facto de se tratar de um empréstimo que já reembolsara). Rwizi não só ama o pai e o irmão de todo o coração, mas, de acordo com a tradição nativa Shona, também lhe compete, enquanto filho mais velho da família, assegurar a saúde e o bem-estar da família inteira. No entanto, ele tem uma obrigação igual para com a sua família nuclear e a sociedade-página-vida a que ambiciona a sua esposa.

Sally, órfã e filha única sem familiares, evita a maioria das tradições africanas. Ela está determinada em criar o seu filho, João, para ser um "europeu" que só fala inglês: uma tarefa impraticável difícil de realizar nas melhores circunstâncias, mas quase impossível, já que o seu filho, de seis anos, sendo menino normal, gosta de brincar com os outros meninos do bairro que, por acaso, não vêem qualquer utilidade da língua inglesa nas suas vidas jovens.

Assim, Sally, de repente, descobre que a sua vida familiar nuclear atentamente cuidada está a ser invadida pela pestilência da família do seu marido, que vem de aldeias da reserva africana, que não só falam o vernáculo tribal Shona que ela abomina, mas também são aficcionados da música tradicional africana *mbira* , que é a antítese de tudo o que Sally ambiciona tornar-se.

A agravar uma situação já insustentável para Rwizi é outro aspecto importante da vida deles afetada pelo que a guerra nas aldeias provocou na sua vida. No centro da sua vida social, está a dança de salão ao som da música clássica europeia. O casal, que, por acaso, são dançarinos de salão excepcionalmente talentosos, são membros sólidos e apaixonados do *Salisbury African Ballroom Dancing Club*, um clube afiliado à maior *Rhodesia Ballroom Dancing Association*. Assim, além do facto de as ambições de Sally para que o filho cresça e se torne um homem de cultura estarem a ser comprometidas agora pela presença do pai de Rwizi que fala Shona, tornou-se quase impossível para eles praticarem os seus passos de dança de salão na sala de estar. Para a irritação de Sally, o pai de Rwizi passa a maioria do tempo a ouvir a estação de rádio do governo, que transmite em línguas nativas e toca música *mbira* especificamente programada para o público africano do país.

Nessa conversa privada que Rwizi e Sally tiveram no quarto, Sally lembrou a Rwizi que estavam a quatro meses da competição regional de dança de salão, que ela espera que vençam. Quer ganhe ou perca, ela já tinha inscrito a casa deles para acolher a confraternização após o evento que contará com a presença dos seus amigos brancos, indianos, africanos e mestiços da dança de salão naquela noite, em que será entregue o troféu do campeonato. Sally sublinha a Rwizi que espera que ele tenha arranjado hospedagem para o seu pai, porque a presença do seu velho pai de tradição africana na sua casa não é condizente com a cultura europeia da família nuclear que ela quer projectar para os seus amigos naquela noite. Quando Rwizi riposta, Sally ameaça abandoná-lo levando com ela o filho, se ele não cumprir essa exigência antes da data da competição de dança de salão.

Mais tarde, nessa mesma noite, durante o jantar, Rwizi dispensa-se de acompanhar Sally a um ensaio de dança de salão agendado, porque ia participar numa reunião política numa casa do bairro. Sally está agastada pelo facto de o marido ter renunciado a ir a uma sessão de prática de dança de salão para passar algum tempo a participar em reuniões inúteis com "africanos incultos uivando à lua e clamando pela independência dos seus benfeitores brancos". Por mais que isso o irritasse, André abstém-se de contrariar a atitude condescendente de Sally para com as aspirações dos africanos que protestam contra a opressão branca no país. No entanto, chega a um ponto em que ele simplesmente não aguenta mais. Respeitosamente, dá a conhecer a Sally os seus sentimentos sobre toda a situação. Sally desdenhosamente classifica-o de cãozinho comunista ingénuo. Rwizi insiste em dizer à sua esposa que é para a segurança da família que ele deve participar dessas reuniões, para manter a bela fachada de defensor da angústia política geral africana para com o governo da minoria branca. Se não o fizer, diz-lhe, serão rotulados de traidores e sujeitos à violência de rufiões políticos.

No entanto, sem o conhecimento de Sally, que se opõe veementemente aos movimentos políticos africanos gerais que visam a remoção do domínio branco na Rodésia, Rwizi é um fervoroso defensor clandestino dos movimentos de libertação.

Depois do jantar, Sally vai sozinha para a prática de dança de salão, enquanto Rwizi e o irmão mais novo, André, caminham para a reunião na casa dos Mlambo. O encontro, realizado sob pretexto de um encontro de música *mbira* tradicional nativa Shona , designado *bira* frequentado por uma mistura de jovens e homens adultos e mulheres tendo os homens , incluindo Rwizi, as cabeças adornadas de chapéus de pele de animais e as mulheres vestidas de panos mestiços enrolados na cintura, enquanto declaração política. Quando Rwizi e André chegam, os tocadores de *mbira* já estão em sessão. Para surpresa de todos e para deleite dos tocadores de *mbira*, André, um menino prodígio do *mbira* que se tornou virtuoso, pega num dos *mbiras* deitado no chão e acaba por liderar o grupo numa sucessão de canções.

A amiga de Sally, Belinda, uma visitante assídua da Casa dos Choto, respeita e aprecia os costumes africanos e a música *mbira*. Ela dá-se bem com João e o seu avô Majasi. Ela leva guloseimas para os dois quando visita. Numa das suas visitas, ela surpreendeu Majasi, oferecendo-lhe um chapéu completamente novo, pelo qual o velho ficou visivelmente emocionado e grato.

Três meses depois, encontramos o velho Majasi, que está doente, ainda a viver na casa de Rwizi e de Sally. Enquanto isso, Rwizi conseguiu alojamento para André no Matapi Hostels, um albergue masculino esquálido que acomoda 8 homens num quarto em beliches. A procura diária de emprego por André está a revelar-se inútil porque o país da Rodésia estava sujeito, nessa altura, a sanções económicas impostas pela ONU, pelo que a sua economia estava a encolher, não havendo empregos em lugar nenhum. André deve caminhar cinco quilómetros de Matapi Hostels, onde dorme, até a casa do seu irmão, em Beatrice Cottages, onde toma a sua refeição diária na hora do almoço com o seu pai. Considerando as suas perspectivas desesperadas de encontrar um emprego rapidamente, André diz ao seu pai que outros jovens como ele estavam a deixar o país para irem para Moçambique e Zâmbia treinar na guerrilha e juntar-se aos combatentes pela liberdade que estavam a travar a guerra pela libertação da Rodésia do domínio branco. Majasi diz a André que entende o seu desejo de vingar a morte da mãe e a perda da casa deles. Ele pede a André que deixe a vingança pelo que perderam aos seus antepassados e diz-lhe o quanto a sua presença faz valer a pena a sua vida, porque sendo a sua esposa morta e desaparecida, André foi o único que restava para cuidar dele. André garante ao pai que não o abandonaria.

Nessa cena, que se realiza na varanda que dá para a rua, ficámos a saber que André desenvolveu amizade com os tocadores de *mbira* que conheceu quando Rwizi o levou para a reunião política no bairro, na noite em que chegou do internato. Enquanto está sentado na varanda a visitar o seu pai, dois dos membros da banda, Chamu e Muchazo, passam pela casa de Mlambo a caminho ao ensaio da banda. Acontece que Muchazo, a menina que estava a cantar e tocar *mbira* naquela noite, e André estão romanticamente interessados um no outro. Chamu, o líder da banda, tem tentado recrutar André para se juntar ao grupo desde aquela noite, quando ele tocou com eles. Estando André ocupado a procurar emprego, faz visitas esporádicas ao grupo nos ensaios quando consegue. Muchazo dá a André um presente surpresa de um *mbira* comprado para ele com dinheiro contribuído por todos os tocadores do grupo. André decide juntar-se ao grupo.

Na cena seguinte, não há ninguém no palco, excepto uma pintura da paisagem urbana que retrata o prédio do Departamento de Rendimentos da cidade de Salisbury. Ouvimos uma conversa telefónica iniciada por Sally com Rwizi enquanto ele está no serviço. Ela começa por dizer animadamente a Rwizi que os seus nomes foram mencionados na página da sociedade do jornal Rhodesia Herald enquanto finalistas na competição regional de dança de salão. Ela também lhe anuncia que ela sabe que ele não foi capaz de encontrar um lar para o seu pai. Ela orgulhosamente diz-lhe que, ,através das suas conexões profissionais, conseguira um lar adequado para o pai dele. Ela diz-lhe que a instalação de idosos é um lugar particularmente bom porque é administrada por uma ex-colega dela da escola de enfermagem. Rwizi pergunta-lhe onde fica. Ela diz-lhe que fica em Plumtree. Rwizi protesta que Plumtree está a 300 milhas de distância. Sally diz-lhe que, devido à guerra em curso no país, não há vagas num lar de idosos no país e que deve estar grato por ela lhe ter resolvido o problema. Rwizi fica sem palavras.

Alguns dias depois, é noite na casa de Choto. Tanto Majasi, que não se sente bem, quanto João, foram deitar-se cedo. Rwizi e Sally aproveitaram a ausência dos dois na sala de estar. Estão vestidos dos seus fatos de treino de dança de salão para o ensaio que estão a fazer em preparação para a competição regional de dança de salão. Estão a beber coquetéis e a praticar os seus passos de dança de valsa e *foxtrot* com toda a tranquilidade do mundo, quando alguém bate na porta. Sally desculpa-se para ir à casa de banho enquanto Rwizi atende à porta. Quando Sally regressa, vê que Rwizi deixou entrar na sua casa uma idosa levando uma trouxa. A velha está sentada no chão junto à porta. Sally vira-se e chama Rwizi para o quarto deles, onde ela começa a castigá-lo por trazer mais uma familiar dele para a casa. Rwizi diz-lhe que a mulher não é familiar dele, mas dela.

De volta à sala de estar, Sally interroga a mulher que revela ser a irmã mais velha da mãe de Sally, que ela nunca tinha conhecido. A idosa chegou a casa da Sally em busca de refúgio da guerra, como muitas outras pessoas das aldeias. Ela conta que recebeu informações sobre o endereço dela na escola da missão em Mutoko, onde Sally doa regularmente alimentos e medicamentos . Sally está tão irritada com a intromissão desta velha mulher na sua vida depois de todos esses anos; vai à cozinha buscar uma vassoura para bater na mulher e lançá-la para fora de casa. Rwizi impede-a dando à velha a oportunidade de fugir da raiva fervilhante de Sally.

Acontece que Sally está muito chateada porque é filha única que nasceu de uma adolescente que fora estuprada pelo próprio pai. A mãe de Sally, a adolescente grávida, vítima da violação, foi, não obstante, banida pela família da sua casa de aldeia na reserva africana de Mutoko por essa abominação. Expulsa para a floresta, a mãe adolescente foi resgatada por um missionário branco. Ela cresceu como uma órfã sob o cuidado de escolas de caridade missionária em Mutoko.

Naquela noite, Sally lembra a Rwizi que dentro de um mês se realizará a competição de dança de salão. Ela diz-lhe que tem que levar o seu pai para Plumtree, caso contrário, o espaço de cama que lhe foi prometido pela amiga, a administradora da instalação, será dado a outra pessoa.

Alguns dias depois, é manhã na casa de Mlambo onde a banda ensaia. André chega cansado por ter caminhado as cinco milhas de Matapi Hostels para Beatrice Cottages. O seu rosto cansado transforma-se em euforia quando a namorada, Muchazo, diz-lhe que falou com o tio que está à procura de um tutor para ajudar o filho, cujo internato fechou por causa da guerra. O tio, que é um rico dono de uma frota de autocarros, vive em Marimba Park, o subúrbio onde vivem os africanos mais ricos do país. O tio tem aposentos de empregado de dois quartos que estão vagos. O tio precisa de alguém para tutorar o seu filho, mas também precisa de alguém para cuidar do jardim de flores e relva. André está animado e está disposto a ser um jardineiro, desde que tenha uma casa para si e o pai. Na mesma cena, no entanto, André fica desiludido ao saber que quatro dos membros da banda deixaram o país rumo a Moçambique, onde foram juntar-se ao exército guerrilheiro. Para agravar a sua desilusão, também descobre que Muchazo deixará igualmente o país para ir estudar enfermagem em Londres graças a uma bolsa de estudos integral do British Council.

Um dia depois de André ter começado a trabalhar no seu novo emprego, vai a casa de Rwizi informar o pai que encontrou um emprego e uma casa para os dois. Mas o pai, o velho Majasi, não está lá, e Benjani, o empregado da casa, não sabe para onde foi. Confuso e preocupado, André vai ao escritório de Rwizi para perguntar onde está o pai, desejando levá-lo para a nova casa.

Rwizi exprime-se dubia e sinuosamente e, finalmente, confessa a André que colocou o pai num lar de idosos em Plumtree, a 300 milhas. André está tão chateado que arma um pé de vento no escritório de

Rwizi. Quando finalmente se acalma, Rwizi dá-lhe uma passagem de autocarro para ir buscar o pai de volta de Plumtree.

Na cena seguinte, André, segurando o chapéu do pai e um saco de papel castanho no seu colo, está em Plumtree sentado sozinho numa paragem de autocarro à espera do autocarro de volta para Salisbury. Ele chora enquanto toca uma triste canção *mbira*. Dois homens vestindo fardas militares aproximam-se dele e perguntam-lhe por que chora e se lhe podiam ser útil. André diz-lhes que está à espera do autocarro de volta para a cidade para informar o irmão que o pai, Majasi, morreu. Com lágrimas nos olhos, ele diz-lhes que tudo o que resta do seu pai são os itens pessoais contidos no saco de papel pardo que tem na mão.

Os dois homens expressam as suas condolências e identificam-se a André como combatentes pela liberdade que estão a operar naquela área. Já tinham conhecimento do idoso que morreu pouco depois de ter chegado ao lar de idosos.

André está triste, mas eufórico por conhecer os combatentes pela liberdade. Pede para se juntar a eles. Acredita que a presença deles naquele momento é um sinal dos seus antepassados de que, estando o pai morto, ele está livre para se deslocar para a Zâmbia ou Moçambique para se juntar aos exércitos guerrilheiros que lutam contra o Exército da Rodésia.

Os dois homens concordam em levá-lo para o campo de treinamento, mas dizem que precisa de enterrar o pai primeiro. Oferecem-se para ajudar a fazer o caixão para ele, o que levará pelo menos um dia. Então, enquanto fazem o caixão, eles dizem a André que querem que ele volte para Salisbury como planeado para informar o seu irmão da morte do pai. Querem que faça isso para que ele possa fazer-lhes um favor de carregar e entregar um pacote a um endereço no município nacional africano. O pacote é uma bomba.

Instruindo-o sobre como transportá-lo com segurança, enfatizam que, mesmo que os fios não estejam conectados, não deve deixar cair o pacote.

Naquela noite, André, carregando os dois pacotes em sacos de papel pardo, chega de volta à cidade e vai directamente para a casa do irmão para o informar sobre a morte do pai. Quando chega a casa em Beatrice Cottages, encontra a casa animada com música. Belinda e Sam fazem parte de uma multidão mista de smokings e vestidos bem aprumados de brancos, índios, mestiços e africanos que se divertem todos a ser capturados por um fotógrafo.

A festa do clube de dança de salão de Sally está a realizar-se.

Vestido de um smoking, João, de seis anos, que tinha sido autorizado a ficar acordado até tarde depois da hora de dormir naquela noite por causa da festa, é o primeiro a ver o seu tio favorito, André, de pé na varanda. Animado para ver André, João chega à varanda e tenta puxá-lo para entrar na casa para se juntar à festa. André diz a João para voltar e trazer o pai para falar com ele. Rwizi, que, por esta altura, já está um pouco bêbado, sai feliz por ver o irmão mais novo e espera ver o pai com ele. André dá a triste notícia, acusando Rwizi de ter mandado o pai para a morte em Plumtree. Rwizi fica devastado. Ele desmorona na varanda a chorar, chamando a mãe morta para perdoá-lo pelo que ele tinha feito com o pai. João, vendo o pai a chorar junta-se a ele no chão, também a chorar, a perguntar por que o seu *avô* está morto.

Pouco antes da entrega do troféu, Sally, também um pouco bêbada de champanhe, vê André de pé na varanda, mas não vê Rwizi e João caídos no banco. Ela sai da festa para afastar André. Fica particularmente chateada por André, que tinha acabado de viajar 600 milhas de ida e volta, ter aparecido na sua casa durante o seu momento de glória parecendo um pouco despenteado e mal vestido. Ela está fora de si. Ela chia para ele a dizer-lhe para ir embora, mas André responde dizendo-lhe que não permitirá que ela o trate como trata o seu criado,

Benjani. Segue-se uma briga. Rwizi, perturbado, diz a Sally para deixar o irmão em paz.

Sally pára momentaneamente de discutir com André. Vira-se e fica surpresa ao ver o marido e o filho lamentando no chão. Pergunta a Rwizi o que ele e João estão a fazer sentados no banco sujando os seus novos fatos de gala. André diz a Sally que está lá para informar o irmão que o pai está morto. Sally fica indignada. Acusando André de ser rancoroso por vir e estragar a sua festa, ela exige saber por que ele escolheu aquele momento, naquela noite, quando ela estava no meio da festa, para vir e dizer a Rwizi que o pai deles estava morto. Ela grita para ele ir embora, a dizer que ela já sabia que o Majasi estava morto e que ela iria contar a Rwizi depois da festa. Ao ouvir que Sally já sabia que o pai dele estava morto e tinha optado por não lhe contar, Rwizi fica furioso com ela. Ele diz-lhe para ela deixá-lo em paz para que possa chorar o pai.

Sally, determinada a se livrar de André, empurra-o para longe. André, com os dois sacos de papel na mão, perde o equilíbrio, deixando cair o saco com o chapéu do pai, mas consegue segurar o saco com a bomba que cai no peito. Ainda está deitado no chão quando Sally continua com os seus ataques, bêbada sobre a desconsideração de André. Rwizi diz a João para ir ao seu quarto e trazer-lhe as chaves do carro e a carteira, e ordena a Sally que pare de provocar o irmão dele. Diz-lhe para voltar à sua festa, da qual ele já não fazia parte. Sally pede a João para voltar à festa com ela. João recusa-se a ir com a mãe, preferindo sair com o tio André e o pai. Sally volta sozinha à festa. Quando João vai buscar as chaves do carro e a carteira do pai, Belinda segue-o para fora da festa para descobrir o que se passa.

Belinda vê o chapéu que ela tinha dado a Majasi deitado no chão junto com outros objectos pessoais de Majasi espalhados aquando da queda de André, e pergunta por que o chapéu está no chão. Rwizi diz-lhe que o pai morreu. Belinda começa a chorar. Pergunta onde está Majasi.

Rwizi diz-lhe que morreu em Plumtree; ela fica chocada e pergunta o que ele fazia em Plumtree. A resposta é: "Vá perguntar à sua amiga, Sally, por que o meu pai morreu em Plumtree." Ele diz que não vai voltar para a festa, e vai conduzir para Plumtree com André e João para recolher o corpo do pai. Ele vai enterrar o pai em Mhondoro ao lado da sua mãe.

Epílogo

Quando as luzes se apagam, é a última cena. A sala está vazia. Todos os convidados foram embora. Sam, que estava na casa de banho quando os convidados saíram, tem Belinda segurada nos seus braços sem saber o que tinha acontecido para esvaziar o quarto e parar a festa. Sally, com o troféu na mão, está sentada sozinha numa cadeira, abanando a cabeça, sem dizer nada.

Sam pergunta: Alguém pode me dizer o que se passa? Sally, o que se passa?? Sally não responde à pergunta de Sam. Ela parece estar num susto, repetidamente a falar a si própria a dizer, … André arruinou tudo, os meus convidados acabaram de sair da minha festa, eu nem consegui fazer o meu discurso, o troféu só me foi entregue sem cerimónia, a minha foto não vai estar na página da sociedade do jornal Herald amanhã, tudo por causa desse André. Ele arruinou tudo. Ela continua lamentando como a sua festa foi arruinada.

Não obtendo resposta de Sally, Sam pergunta a Belinda, o que aconteceu enquanto ele estava na casa de banho?

Belinda responde e diz que não sabe, mas Rwizi disse para perguntar a Sally por que o pai dele se encontrava em Plumtree.

Sally continua a falar consigo mesma até fazer a pergunta à sala vazia; "Porque é que toda a gente saiu quando a festa estava a decorrer tão bem?

Ao que Belinda responde, disse aos seus convidados que o pai de Rwizi, que eu pensava estar a dormir no quarto, estava morto. Disse-lhes que Rwizi não voltaria para a festa. Foi por isso que partiram; não era apropriado ficar a dançar na casa de um homem morto.

A resposta de Belinda tira Sally do seu deslumbramento ao declarar: Mas o pai de Rwizi não morreu nesta casa, ele morreu em Plumtree.

Nada disso faz sentido a Sam, que pergunta a Sally por que o pai do marido dela está em Plumtree e por que morreu lá.

Sally explica que tinha encontrado instalações para idosos em Plumtree administradas por uma colega enfermeira e tinha mandado Rwizi colocar o teu pai lá.

Quando Sam pergunta a Sally por que Rwizi concordaria em colocar o pai num lugar tão desesperado destinado a africanos estrangeiros que não têm família neste país.

Sally explica tudo dizendo *vaMajasi não pertencia à nossa casa. Com os seus modos africanos, não era uma boa influência para o meu filho, João. Somos uma família culta europeia. Não viu todos os brancos, mestiços e índios que vieram à nossa festa? Eu queria fazer a festa do campeonato aqui na nossa casa com pessoas que são apenas como nós. O pai de Rwizi não pertencia a este lugar porque falava em Shona na casa onde estou a ensinar o nosso filho João a falar apenas em inglês. Disse a Rwizi que ele estaria melhor com outros velhos africanos que falam Shona a viver noutro lugar e é por isso que encontrei o lugar em Plumtree. Agora está tudo arruinado porque ele morreu lá e Rwizi deixou-me exactamente como eu sabia que faria se eu lhe tivesse dito. É por isso que não lhe tinha dito que o pai dele estava morto.*

Belinda fica chocada. Ela pergunta a Sally: *O que queres dizer? Já sabias que o pai dele estava morto? Sabias desde o começo?*

Calmamente, Sally responde: *Sim, a minha amiga, Matron Katatu ligou e disse-mo. Morreu há dois dias.*

Belinda, incrédula, suspira, *O quê?!*

Ao que Sally responde, *Eu ia dizer-lhe amanhã depois da festa. Eu só queria que os nossos convidados se divertissem na festa e tivessem as nossas fotos com este troféu no jornal. Mas esse André tinha que vir esta noite e dizer-lhe, só para estragar tudo para mim. Arruinou a única oportunidade que eu tinha de mostrar aos meus amigos brancos que não somos africanos comuns.* (Soluçando silenciosamente) *Oh meu deus ficámos sem fotos no jornal.*

Belinda censurou-a desdenhosamente, dizendo: *Não importam as tuas fotos e os teus supostos amigos brancos. Há dois dias, foi-te dito que o pai do teu marido estava morto. Ele morreu há dois dias, e não lhe disseste? O que se passa contigo? Não vês nada de errado com o que fizeste?*

Sally, imperturbável, riposta, *Que diferença teria feito se eu lhe tivesse dito, então, que o pai já estava morto? Conheço o meu marido; sei como pensa. Se eu lhe tivesse dito que o pai estava morto, teria abandonado tudo o que trabalhei arduamente para ganharmos o campeonato europeu de dança de salão de música clássica como fizemos. Teria me deixado sozinha, e não teria ganho o troféu de campeão sozinha porque danço melhor quando estou com Rwizi. Sabe como mover o meu corpo. Rwizi ter-me-ia dito para arranjar outro parceiro de dança de salão e organizar esta festa sozinha. Então, era melhor esperar para o informar quando eu sabia que teríamos tempo para funerais. Até agora, não tivemos tempo para isso. Tratava-se de ganhar o troféu de campeão da Rhodesia Ballroom Dancing Association e de colocar as nossas imagens nas páginas dos jornais. (Soluça.)*

Belinda não presta atenção às lágrimas da Sally e diz-lhe: *és louca. Se estás arruinada, a culpa é tua. Depois de expulsares o sogro da casa do próprio filho porque querias fazer esta festa trivial, juntaste insulto à injúria, ao não informares o filho dele, o teu marido, que o pai dele estava morto há dois dias. É inconcebível que tenhas enviado aquele grande homem para a morte assim. És uma profissional médica. O avô Majasi não estava bem. Sabias disso. Era o pilar da tua família. És louca para deixares de lado o pilar da tua família apenas para que possas fazer uma festa com esses dançarinos de salão pretensiosos e ter a tua foto no jornal? Sally, mal conheces essas pessoas. Viste? Algum deles te expressou as condolências quando fizeram uma linha directa para sair da tua casa? Não. Sabes porquê? Porque não te conhecem e é provável que nem se importem.*

Sally não entende por que Belinda está chateada com ela. Ela diz: *Bee, estás a falar como o meu marido agora. Não é justo. Estás a culpar-me pela morte do pai dele.*

Ao que Belinda diz: *Sally, do jeito como agiste, poderias muito bem ter colocado um travesseiro sobre o rosto dele e o sufocado até à morte. Sim, as tuas acções contribuíram para a morte dele.*

Enquanto Sally protesta que ela não matou o pai de Rwizi, também percebe que o seu casamento pode ter acabado, então pergunta a Belinda e a Sam o que deve fazer?

Sam admoesta-a e diz-lhe: É melhor recompor-te e pensares em como vais rectificar a situação.

Sally responde dizendo-lhe que não sabe o que fazer.

Belinda, que não sente pena de Sally, diz-lhe: *Primeiro deita fora esse troféu estúpido de dança de salão que tens na mão. Deita-o no caixote do lixo onde o teu marido nunca mais o verá. Segue-o. É melhor alcançá-lo e dizer-lhe que estás arrependida antes que ele enterre o pai dele e o seu casamento com ele.*

Sally continua a ter pena de si própria, lamentando o seu destino dizendo: *Arruinei tudo. Não sei o que fazer. Não sei o que fazer.*

Mas Belinda não se comove e diz: *Estou tão chateada contigo e com a tua obsessão por tudo o que é europeu. Tenho a boa vontade de te deixar a ti e à tua miserável vida europeia.*

Sam intervém e diz a Belinda: *Não, querida. Não podemos simplesmente sair. É tua amiga, vamos dirigir para Plumtree com ela e ir para Mhondoro e ajudar Rwizi a enterrar o pai dele.*

Belinda cede e diz a Sally para mudar de roupa e encontrar um *doek* para cobrir a cabeça e um pano para sobrepor o vestido para o funeral.

Sally reage: *Mas não preciso de um pano da Zâmbia, isso é para mulheres pobres. Vou usar esse vestido preto. A coisa civilizada é apenas vestir preto para um funeral.*

Belinda fica exasperada.

Ela diz, *Sally não, não, o vestido preto de que estás a falar não é longo o suficiente para usar num funeral. Não é o traje adequado para uma mulher. Seria desrespeitoso na nossa sociedade tradicional africana. (Abana a cabeça) Não conheço nenhuma mulher africana no nosso país que não tenha um pano da Zâmbia para ir a funerais. Bem, espero que tenhas algo para cobrir a tua cabeça e também não me refiro a um chapéu de chá inglês.*

Sally garante-lhe que tem um *doek* para cobrir a cabeça.

Belinda termina a conversa dizendo: *Muito bem, então, o meu marido e eu vamos dirigir para o funeral do Avô Majasi para homenageá-lo. É o pai do nosso amigo e foi um grande ser humano. E vou lá, para colocar o chapéu dele no caixão porque o amávamos tanto. E tu, Sally, podes fazer o que quiseres.*

Uma Sally grata e acovardada, diz: *Vou contigo. Obrigada.*

FECHA-SE A CORTINA

FIM

A PEÇA

PERSONAGENS

Majasi:	Um velho africano (Avô)
Rwizi:	Filho mais velho de Majasi (na faixa dos 40)
Sally:	Esposa de Rwizi (no fim dos 30 anos)
Belinda:	Amiga de Sally (Tia Bee)
Sam:	Marido de Belinda
João:	O filho, de 6 anos, de Rwizi e de Sally
Tino:	Amigo de João, da mesma idade (6 anos)
André:	Irmão de Rwizi, de 19 anos
Benjani	Empregado doméstico (criado)
Chaitezvi:	Companheiro de idade e amigo de Majasi
Visitante Nocturna:	Mulher velha, tia de Sally
Tocadores de *Mbira* :	Chamu, Muchazo (namorada de André)
	Max, Ticha, Tawanda & Zodwa
Mr. Mlambo:	Proprietário da casa no bairro
Activistas políticos:	7 homens africanos e 2 mulheres
Camaradas:	2 Combatentes da Liberdade (guerrilheiros)
Mestre de cerimónia:	James Goto, um homem africano
McIntyre:	Um homem branco
Fotógrafo:	Jovem
Convidados:	Casais formalmente vestidos: brancos, indianos, mestiços ou africanos.

ACTO
UM

Casa dos Choto - Noite

<u>Cena 1</u>
É noite na casa de Rwizi e Sally Choto, em Beatrice Cottages, um
enclave pequeno-burguês, no município africano de Harare, Rodésia,
por volta de 1977. O que distingue o Beatrice Cottages de National,
um dos municípios africanos da cidade de Salisbury, onde está
localizado, é que as casas em Beatrice Cottages são casas do Tipo Um
(T1), de propriedade individual, com quintais ao redor, uma garagem
e uma cerca, enquanto o resto das casas nesse município são casas de
aluguer geminadas pertecentes à autoridade municipal.

A acção decorre na sala de jantar/estar e no quarto. A transição de uma
divisão para a outra será feita usando luzes. Embora Beatrice Cottages
seja uma espécie de enclave da classe média africana em Harare, as
casas são tão pequenas quanto as do resto do município. Assim, a sala
de jantar/estar que ocupa a maior parte do palco deve estar repleta de
móveis sem estar excessivamente mobilada. O fundo é dominado por
uma vitrine que contém o cristal e a porcelana, bem como um armário
de bebidas espremido ao lado da vitrine, um sistema de som estéreo
num canto e uma estante no outro.
O centro deve ser dominado por uma mesa de jantar com seis cadeiras
a condizer, a mesa de jantar comprida e as suas cadeiras devem estar
sobre uma plataforma ligeiramente elevada, o primeiro plano do palco
deve ter uma suite de sala de estar composta por um longo sofá virado
para o público, um assento de amor virado para um televisor colocado
ao lado de um sofá a condizer sob a janela com vista para fora da sala
para uma garagem. A cozinha é apenas sugerida por uma porta e parte
de um fogão que pode se ver através da porta. O quarto não é nada de
elaborado, havendo uma cama de casal, um grande espelho numa
cômoda e um armário cheio de roupas. A casa de banho não se vê, mas
é sugerida por uma porta.

Finalmente, deve haver uma varanda e uma porta da frente para a casa
centrada em direcção ao quarto. O público acompanha a acção de uma
posição directamente do outro lado da rua estreita que passa pela casa.

A MÚSICA *MBIRA* ALTA ABRE A CENA NA ESCURIDÃO.

Quando as luzes se apagam, a música diminui, mas continua a tocar ao fundo de uma rádio. MAJASI e o seu neto, JOÃO, estão sentados no sofá longo da sala de estar. João, que é obviamente mais proficiente em inglês, está a ter dificuldades em contar uma história ao avô em Shona.

        Majasi:.Diminua o volume na rádio, a sua mãe deve estar a vir agora, agora.
        João: (*Diminui o volume enquanto fala com o avô.*) Ok.Ok. Agora deixe-me contar-lhe uma história. Era uma vez uma vaca.

        Majasi: (*corrigindo-o*): mombe, cow izi mombe. Majasi (a falar deliberadamente em inglês trabalhado): Shona, Shona pori favori, não eu entindo ingireshi.

        João: (*misturando Shona e* Inglês) Ok, ok. *Pange* vaca panhe. E então a vaca *yacho, ndobva yauya* ....

        Majasi: (corrigindo-o): mombe, vaca é *mombe*.

(SALLY entra pela estrada, à esquerda do palco. Está bem vestida de um uniforme de enfermeira matrona do Hospital de Harare. A sua capa e bolsa estão no braço. Ela demora-se à porta, a escutar a conversa na sala de estar entre João e o avô.)

        João: Sim, sim. A vaca *yacho* e depois veio *kah*, e a vaca chorou mhuuu! Mhuuu! Mhuuu! e então ka, a senhora *wacho kah*, começou a correr então a vaca hein m, não me lembro das palavras Shona.

        Majasi: (*A história não está a fazer-lhe sentido, mas acena com a cabeça com entusiasmo*): Hein , hein , hein ,

        João: E então kah, a vaca *yacho kah*, quero dizer, *mombe yacho ka.*

Sally abre a porta e entra na sala. Ela está de pé, com as mãos cruzadas no peito, olhando para Majasi, mas a falar *com o filho, João.*

Sally: João! Que língua está a falar?
João: (*timidamente*): Shona.
Sally: Quantas vezes devo dizer para não falares essa horrível língua nativa? Quantas vezes devo te dizer para falares em Inglês?

João: Mas eu estava a contar uma história ao *avô* e não entende Inglês.

Sally: Ele não importa nada. Deves sempre falar Inglês; Shona é para pessoas ignorantes, entendes?

João: Sim, mãe.

Sally: Agora sê um bom menino, vem e dá um beijo de olá à mamãe.

Sally inclina-se para receber o beijo. João aproxima-se e dá-lhe um beijinho na bochecha.

Sally: Isso, este é o meu bebê.

Majasi observa a mãe e o filho em silêncio, como se estivessem retirados de cena. Cumprimenta a nora tradicionalmente batendo as palmas lentamente enquanto a cumprimenta.

Majasi (em Shona): Boa noite, honrada.

Sally: (*sem fazer qualquer esforço no que respeita à tradição, responde em Inglês, ainda em pé perante ele*): Boa noite.

(*As luzes apagam-se*)

<u>Cena 2</u>

(Ilumina-se o quarto.)
Sally entra no quarto seguida de perto por João. Ela atira a capa e a bolsa na cama, tira os sapatos e abre o armário à procura de um vestido; João senta-se na cama.

João: Como é que não te ouvi a chegar?

Sally: A Tia Bee deixou-me cá porque o teu pai tem o carro. Ele foi à alfaiataria na cidade.

João: Estás a ver, é por isso que me apanhaste a falar Shona. Se tivesses vindo no carro, eu terias ouvido o carro e eu estaria a falar apenas Inglês.

Sally encontra um vestido adequado e tira-o,

Sally: Lembre-se do que eu te disse. Queres ser um *kaffir?*

João: Não.

Sally: Então, não fales isso então. Vem desfazer o meu fecho.

João faz o que lhe pede a mãe.

João: Como é que o pai fala isso?

Sally: O teu pai só fala isso com as pessoas ignorantes.

João: Ele fala com avô; avô é ignorante?

Sally responde enquanto caminha até a casa de banho para mudar.

Sally: O teu pai pode falar com o pai dele se ele quiser, mas não quero ouvir-te falar Shona.

Sally fecha a porta. João abre silenciosamente a bolsa e dá uma olhadela rápida no seu conteúdo. Ele fecha a bolsa.

Sally regressa ao quarto, transformada, num vestido elegante mas confortável.

João: Trouxeste alguma coisa?

Sally: Nada para um malandro, que fala vernáculo.

Sally senta-se na cama em frente ao espelho, penteando o cabelo e geralmente admirando-se.

João: Mas comportei-me bem.

Sally: A mamãe não é bonita?

João: Sim, mamãe, trouxeste alguma coisa?

Sally: Quão bonita é a mamãe, João?

João: És-a-mais bonita-no-mundo-inteiro-trouxeste-me-qualquer coisa?

Sally: Eu disse que nada para um malandro.

João: Mas comportei-me bem, honestamente, pergunte a Benjani.

Sally: Onde está Benjani?

João: Ele correu para a loja para buscar a tua revista. Por favor, mamãe, prometo, nunca mais falo Shona.

Sally: Prometes?

João: Sim.

Sally: Repete depois de mim: não sou...
João: não sou...
Sally: ....um macaco.
João: ...um macaco.
Sally: Não vou falar Shona.
João: Não vou falar Shona.

Sally: Bom, agora lembra-te disso. Olha na minha bolsa.

João abre o saco e encontra um pacote de doces.

HÁ ALGUÉM A BATER COM FORÇA NA PORTA.

Sally: João, vai ver quem está a bater à porta.

(As luzes seguem João de volta para a sala de estar.)

Voz à Porta: Sou eu. Belinda.

João (abrindo a porta): Olá, Tia Bee.

BELINDA, uma mulher de boa aparência, vestida do mesmo uniforme de Enfermeira Matrona do Hospital Harare que o de Sally, entra na sala carregando um guarda-chuva.

Belinda (*entregando o guarda-chuva a João*): Olá, meu lindo. Aqui está o guarda-chuva da tua mãe, ela deixou-o no meu carro. Eu tive que voltar porque ela pode precisar dele. Estou de folga amanhã e pode chover.

Diferentemente de Sally, que ficou de pé perante o velho Majasi quando entrou na sala, Belinda senta-se e junta as mãos e bate as palmas enquanto cumprimenta Majasi na saudação tradicional Shona dirigida a um mais velho.

Belinda: (em Shona) Como você está, avô?

Majas respeitosament bate as palmas de volta em resposta à saudação.

Majasi: (em Shona) Estou bem, é tão bom vê-la.

Belinda: Eu também, fico feliz por vê-lo.

Belinda vira-se para João que está ao seu lado.

Belinda: João, estás a cuidar bem do teu avô?

João: Sim, estou, Tia Bee. Conto-lhe histórias todos os dias.

Todos riem-se.

Belinda: Avô, as músicas *mbira* da rádio são iguais às que ouvia na aldeia?

Majasi:. Sim, são semelhantes, mas estou habituado às nossas canções da aldeia.

Belinda: Não há nada a fazer a não ser se acostumar com isso aqui nos municípios como fazemos nós que amamos a música *mbira*. As nossas aldeias já não existem por causa da guerra que assola o campo.

Majasi: Verdade essa, Tia Bee.

Belinda (*levanta-se, batendo as palmas*): João, cuida bem do avô, quando eu vier da próxima vez vou trazer-te uns doces.

João: Tia Bee, quando vieres, por favor, traz também alguns biscoitos Eat-One-Now para o avô. O avô adora esses biscoitos.

Majasi abana a cabeça, rindo-se.

Belinda: Só isso? Não tem problema, vou trazer os teus e os biscoitos para o avô.

Belinda vira-se para Majasi.

Belinda: Avô, não fico mais; Eu trazia o guarda-chuva da mãe do João, caso chova amanhã.

João: Tchau Tia Bee, vou dar o guarda-chuva à mãe mas não te esqueças dos meus doces.

Belinda: Não me vou esquecer. Adeus.

Belinda bate palmas respeitosamente para Majasi e vai embora.
João volta ao quarto para dar o guarda-chuva à mãe.

(As luzes apagam-se)

Cena 3

(Ilumina-se a sala de estar)

Sally e João voltam para a sala de estar. João rasga o pacote de doces e oferece alguns ao avô, que aceita um. Sally segue para o armário de bebidas e mistura uma bebida para si. Ela senta-se no banco do amor de frente para a TV. Majasi é uma figura silenciosa sentada no sofá de frente ao público a ouvir a música mbira a tocar na rádio.

Sally: João, desligue a rádio. Deus, odeio essa música. Ligue a TV.

João levanta-se, desliga a rádio e liga a televisão. O volume na TV é tão baixo que ninguém pode ouvir nada da TV. João começa a sair pela porta.

Sally: Ei, para onde vais?

João: Lá fora.

Sally: Volta e senta-te. Não quero que saias e brinques com aquelas crianças sujas lá fora. Nada fazem senão fazer barulhos de macaco.

(João permanece de pé à porta.)

Sally: Vem sentar-te e ver TV. Deves estar feliz por termos televisão na nossa casa. Essas crianças não têm TV nas suas casas, é por isso que são tão incómodas.

João: Não quero assistir a esse programa Kiddies aborrecido.

Sally: Talvez os teus amigos da escola estejam no programa.

João: Não são os meus amigos.

Sally: Sim, são. Vais para a escola com eles.

João: São brancos. Os negros não são permitidos na TV.

Sally: Não fales assim. Sê um bom menino e vem sentar e assistir TV com a mamãe.

João volta relutantemente para a sala e senta-se no sofá com o avô.

BENJANI entra na cena vindo da rua, palco à direita. É um homem africano na faixa dos vinte anos. Ele está vestido de um uniforme de criado cáqui grosseiro. Ele abre a porta e ajoelha-se em deferência perante a sua patroa logo na porta.

Benjani: (*em Inglês Pidgin*) Bo' noite minh' sinhora .

Sally: Boa noite Benjani. Vejo que estás de mãos vazias, onde está a minha revista Scope?

Benjani: Eles dissram ke aiinde no chigou.

Sally: Típica. Tudo chega tarde a esta cidade africana abandonada por Deus...civilização, revistas.

Benjani permanece na sua posição servil no chão. Sally bebe a sua bebida.

Sally: Bem, não fiques lá parado. Vai preparar o jantar. Temos ensaio de salão esta noite. Continua.

Benjani levanta-se e segue para a cozinha. À medida que a cena se desenrola, o público será lembrado dos cozinhados que se realizam na cozinha pelo ocasional chocalho de panelas e frigideiras.

Sally: João, aumenta o volume na TV. Não quero que percas isto.

João alcança o botão de volume esticando o corpo enquanto se senta no sofá.

Voz na TV (com sotaque britânico) #1: E agora crianças, hoje vou ensinar-lhes um novo jogo, eu costumava jogar este jogo quando eu estava a crescer na Inglaterra, o nome do jogo é 'Backball'.
Ora, para jogarmos este jogo, temos de formar um círculo, façam um círculo. Vamos lá, não sejam tímidos, sentem-se, todos.

Qual é o teu nome, menina? Hein?
Ah, que cachos adoráveis!
Qual é o teu nome? Não sejas tímida!

Voz da TV # 2: Nancy McDonald

Voz da TV # 1: Nancy. Bom. Senta-se aqui e todo o mundo, venham crianças, e sentem-se num círculo começando aqui, assim como fez Nancy. Bom. O objectivo do jogo é adivinhar onde vou esconder a bola preta, essa bola de borracha na minha mão.
Todos vão fechar os olhos. E vou escondê-la atrás de um de vocês. Os vossos olhos estão fechados, crianças?

Vozes da TV: Sim, Tio Marty!!

Voz da TV #1: Bom. Bom. Fechem os olhos. Vou correr ao redor do círculo e colocar a bola em algum lugar atrás de um de vocês. Fechem os olhos. Nada de batota. Quando lhes disser, abram os olhos.

(O volume da TV desvanece)

O som de um carro a entrar na garagem corta a voz do tio Marty na TV. Os faróis do carro piscam pela sala de estar através da janela que dá para a entrada. João salta do sofá sob a janela ao lado do aparelho de TV, animado.

João: O Papai chegou! O Papai chegou!

Sally: João! Senta-te!

João não responde à ordem da mãe.

João: Mas eu quero ver o papai a dirigir para o quintal. Oh, oh, papai trouxe um visitante, mamãe, temos um visitante.

Sally: Deixa de saltar no meu sofá. Vem sentar-te e aprender o jogo que o Tio Marty está a ensinar a essas crianças simpáticas.

João desce do sofá e vai sentar-se com a mãe perto da porta. O som do motor do carro pára.

Voz da TV #1: Ok, crianças. Vamos começar o nosso jogo.

(O volume TV desvanece)

A porta abre-se.

Entra, RWIZI, um homem africano de 40 anos, que usa óculos. Ele está vestido de um fato de negócios e carrega uma pasta. Logo atrás dele está ANDRÉ, o seu irmão mais novo. André tem 18 anos. Ele está vestido de um blazer escolar e um par de calças cinzas. Ele carrega um baú metálico preto com o seu nome, André Choto e o endereço da escola, ST PAUL'S SEC SCHOOL -MSAMI escritos em letras brancas.

João salta à vista do pai e abraça-lhe as pernas.

João: Papai! Papai!

Sally: Rwizi, não o deixes ficar todo animado.

Rwizi: O que fiz? Tudo o que fiz foi entrar em casa.

André coloca o baú no chão enquanto Rwizi se vira para fechar a porta. André corre para o abraço do pai, Majasi.

Majasi (em Shona): Filho dos meus antepassados!
    Mupamombe, que atravessaram o
    poderoso Zambeze na barriga de uma
    vaca, meu pai, Rei do Grande Rimuka,
    mágico dos mágicos!
    Guerreiro destemido!
    Herói, Conquistador!

Rwizi (dirigindo-se ao pai em Shona): Boa noite, pai.

Majasi: Boa noite Mupamombe (o pai cumprimenta o filho usando o seu totem de acordo com a tradição Shona).

André (para João): Olá, jovem.

João: Olá.

André, sem saber que Sally detesta que se fale com ela em Shona na sua casa, cumprimenta-a em Shona.

André para Sally: Como está a cunhada?

Sally (rigidamente): Olá.

Rwizi (apontando para a sua pasta): Deixem-me deixar isso de lado.

Rwizi levanta-se com a pasta e caminha rumo ao quarto.

(As luzes apagam-se)

Cena 4

(Ilumina-se o quarto)

Sally segue Rwizi até o quarto. Rwizi tira o casaco, mas mantém a gravata. Ele procura no armário um cabide não usado.

Sally: Rwizi, qual é o significado disto?

Rwizi: O significado de quê?
Sally: Sabes do que estou a falar.

Rwizi: Ah, o teu vestido não estará pronto até amanhã.

Sally: Não me importa o vestido. Qual é o sentido de trazer esse jovem para cá sem sequer se preocupar em me informar?

Rwizi: O André desceu do autocarro do internato no final desta tarde. Chegou ao meu escritório pouco antes de fecharmos. O que eu deveria fazer?

Sally: Podias ter ligado para me dizer.

Rwizi: Não ouviste o que disse, pois não? Ele veio ao meu escritório pouco antes de fecharmos. O que significa que já tinhas saído do hospital? Não é como se tivéssemos um telefone aqui nesta casa. Além disso, André é o meu irmão mais novo.

Sally: Que seja o teu irmão ou não, a casa já está cheia, isso sem falar no nosso hóspede permanente, o teu pai.

Rwizi: Qual é o problema? Temos três quartos na casa por, amor de Cristo!

Sally: Três quartos para nós. Tu, eu e o nosso filho, João.

Rwizi: Estou a ficar cansado disto. Estás a falar do meu pai há um mês. O que esperas que faça?

Sally: Tu é que estás a ficar cansado? Hein?

Rwizi: Sim, estou a ficar cansado.

Sally: Eu sou a única que deveria estar cansada.

Rwizi: Estás a falar dos meus familiares.

Sally: E daí? Fá-los parecer alguns objectos sagrados. Os familiares são pessoas como todos os outros.
Rwizi: O meu pai não é todo o mundo.

Sally: Sempre que tento falar contigo sobre isso, comportas-te como um bárbaro nativo. Devias ouvir-me. Somos pessoas civilizadas. Tu e eu somos educados. Somos uma família culta. Não somos como aqueles *kaffirs* que vivem no Nacional. Não vejo por que deverias agir como um deles.

Rwizi: Não estou a agir como um deles.

Sally: Então, por que não me ouves com a cabeça lúcida. Tudo o que tenho tentado fazer é ajudar-te a encontrar uma saída para o teu problema. O nosso endereço postal podia bem ser Harare African Township onde vivem como ratos, mas tão certo quanto eu estou aqui, não vivemos num local como National. Vivemos em Beatrice Cottages, um subúrbio onde vivem pessoas africanas modernas, avançadas, educadas e civilizadas. Este não é um lugar para pessoas das aldeias. Não te pedi para expulsares o teu pai. Sou uma pessoa cruel? Estou apenas a assinalar que, ao contrário dos velhos tempos nas aldeias, há lugares para pessoas como ele. Um lugar onde pode estar com pessoas da idade dele, onde falam línguas nativas vernáculas e compartilham os mesmos interesses.

Rwizi: Entendo, mas não consegues ver que ele ainda está de luto. Passaram apenas seis meses desde que a minha mãe morreu. O homem não só perdeu a mulher, como os soldados do governo da Rodésia também incendiaram a aldeia dele. Vi o que restava com os meus próprios olhos. Seria difícil para qualquer homem. Certamente podes entender isso! (Pausa) De qualquer forma, mesmo que eu vá tomar as providências que tens sugerido, não vês que deve ser depois de ele superar a morte da esposa, a minha mãe, e a perda da casa dele?

Sally (não convencida): Isso está tudo muito bem, meu querido, não tenho mãe ou pai, então entendo, mas conheço pessoas idosas, vejo-as todos os dias no hospital. O teu pai não vai superar nada, porque mesmo que supere, não vai deixar ninguém saber sobre isso. Dessa forma, todos sentem pena dele para que possa manipular todos nós.

Rwizi: Mas o que posso fazer?

Sally: Leva-o para onde ele pertence.

Rwizi: Além do luto, sabes que é um homem doente.

Sally: Sou uma profissional treinada. Eu deveria conhecer um homem doente. Eu trouxe para o teu pai aquele frasco de comprimidos do hospital, mas tomou mesmo um deles?! De qualquer forma, têm acomodação para pessoas doentes lá.

Rwizi: Não entendes. Sou africano. Os africanos não fazem o que me pedes.

Sally: Não, não entendes. Rwizi, casaste-te comigo só. Não pagaste lobolo (preço da noiva) porque a minha vida é só minha, sou casada contigo só. Não com o teu pai ou o teu irmão. Nunca me ouviste dizer uma palavra quando costumavas dirigir o nosso carro novo para aquela reserva africana, Mhondoro, para ver os teus familiares na aldeia, esse era o teu caso. O que entendo agora é que queres transformar a nossa casa numa aldeia para os teus familiares. Se insistir em seres um africano incivilizado de lá, não me deixarás alternativa a não ser dizer isso. Ou fazes a coisa sensata ou podes viver com ele, o teu irmão e o resto da tua aldeia. Todos podem vir aqui e fazer desta casa uma cabana. João e eu teremos que nos defender noutro lugar.

Rwizi: Não acredito que estás a dizer isso.
Sally: Ah, sim, estou.

Rwizi: Bem, tudo bem, vou ver o que posso fazer.

Sally: Não, Rwizi. Isso não vai funcionar mais. Vais ter de agir e "não apenas ver o que podes fazer". Sei como simplesmente deixas as coisas correr sem resolução, não é altura para isso. Quero entreter os nossos amigos como costumávamos fazer. Não posso mais fazer isso com ele por perto.

Rwizi: O pai não atrapalha. Na verdade, ele quase nunca diz nada.

Sally: Ele diz muito ao meu filho em Shona.
Rwizi: Vou dizer-lhe que não.

Sally: Isso não será necessário se fizeres a coisa sensata. Lembra-te que as regionais de dança de salão começam este mês, daqui a quatro meses realizar-se-ão as finais; ganhando ou perdendo estamos a acolher a festa pós-dança aqui nesta casa. Os nossos amigos sofisticados, brancos, índios e mestiços virão à nossa casa para a festa, o que vão pensar se o teu pai estiver aqui? Onde vou colocar todos os móveis que estão na sala? Já basta eu ter que mover a maioria das minhas coisas daquele quarto livre onde ele dorme para o de João; onde vou colocar os meus móveis?

Rwizi: Nessa noite, ele poderia dormir no quarto de Benjani, no *kaya* dos criados.

Sally: O quarto de Benjani? O quarto de Benjani é dele, ele trabalha para nós.

Rwizi (exasperado): Tudo bem, tudo bem.

Sally: "Tudo bem" não vai fazer nada por ninguém. E o teu irmão André, o que vais fazer com ele? Ele não pode ficar aqui. Tenho de pensar no bem-estar do nosso filho, mesmo que não o faças.

Rwizi: Não posso mandá-lo para a nossa aldeia na reserva de Mhondoro. Pensa nos soldados - se eles puderam matar a minha mãe a sangue frio como fizeram, o que fariam com o André? Jovem como é, vão acusá-lo de ser terrorista.

Sally: Sabes que vou de carro a Mutoko para as escolas da missão dar-lhes as minhas doações de medicamentos e alimentos. As pessoas ainda vivem nas aldeias. O que há de tão especial na tua família se ela não tem nada a esconder?

Rwizi: Vou fingir que não ouvi isso.
Sally: Como quiseres.

Rwizi: André acaba de terminar o quarto ano. Estou certo de que se saiu bem. Vai conseguir um emprego e encontrar um lugar para alugar, e o pai pode morar com ele.

Sally: E enquanto isso?

Rwizi: Não poderia ficar aqui por um tempo?

Sally: Um pouco, hein ? O teu pai veio para ficar por um tempo há seis meses. Não, meu marido. Já basta eu ter o teu pai por perto todos os dias, é impossível ter o teu irmão também. Demorámos todos os seis anos do João a ensiná-lo a ser civilizado, a ter alguma cultura europeia. O teu pai comporta-se como um típico africano do *bundu*, a desfazer todo o meu trabalho de fazer do nosso filho um europeu. Mandámo-lo para uma escola europeia cara e espera que eu me sente e veja o teu pai arrastá-lo para o nível dele?

Rwizi: Eu posso entender sobre o pai ser incapaz de fazer as coisas da maneira como ensinamos o João, mas o André é bastante inteligente. Ele fala inglês muito bem. Seria apenas uma questão de lhe dizer que não falamos Shona nesta casa. Certificar-me-ei de que se comporta correctamente.

Sally: Acredito que achas que eu estou a brincar, não é?

Rwizi: Não, posso ver que estás a falar sério.

Sally: Muito bem.

(Saída de Sally)

Rwizi olha para ela, impotente.

(As luzes apagam-se)

Cena 5

(Ilumina-se a sala de estar)

Sally entra na sala e prepara outra bebida para si.
André está a falar com João.

André: Tens ido à escola como deverias?

João: Sim.

André: Gostas da escola?

João: Às vezes, mas não o tempo todo.

47

André: Por que não o tempo todo?

João: Porque alguns dos miúdos são maus, pegam-me no pé, conspiram contra mim e chamam-me nomes porque sou negro.
André: A sério? E ripostas?

Sally (intervém): João, não quero que lutes contra ninguém, entendeste?

João: Mas pegam em mim.

Sally: Não. Deves brincar com essas crianças agradáveis.

João: Mesmo quando me batem e me chamam de *kaffir*?

Sally: Não. Deves estar contente por te termos encontrado um lugar numa escola europeia.

Rwizi entra, prepara uma bebida para si e senta-se.

Sally: Rwizi, diz ao teu irmão para não encorajar o meu filho a lutar na escola.

André: Eu só estava a perguntar-lhe sobre a escola.

Sally: E a dizer-lhe para lutar com os seus colegas brancos.

André: Eu...

Rwizi: João, lutaste na escola?

João: Não, pai.

Rwizi: Este é o meu menino. Vem sentar-te aqui e diz-me o que fizeste hoje.

João salta do sofá e vai sentar-se no colo do pai.

Rwizi: Rapaz, estás a ficar pesado.

João: Isso porque sou grande, e posso fazer a tabuada dos cinco.

Rwizi: Deixa-me ouvir-te.

João: Cinco vezes um são cinco, Cinco vezes dois são dez, cinco vezes três são quinze, Cinco vezes quatro são vinte, Cinco vezes cinco são, são, são... (a contar nos dedos) cinco vezes cinco são trinta?

Rwizi: Não, são cinco vezes seis.

João: Sim, sim.

Benjani aparece da cozinha e ajoelha-se junto à porta da cozinha.

Benjani: Sinyora possu vi-lo na cuzinha?

Sally levanta-se e segue Benjani até à cozinha; ela fica à porta.

(As luzes diminuem-se)

(O reflector acende-se sobre Sally e Benjani na porta da cozinha)

Benjani: Eu tenho terminei de cozinhar, onde sirvu o vizitante? (Onde sirvo a comida do visitante?)

Sally: Ora, no chão com o outro visitante, é claro, provavelmente não sabe a diferença entre um garfo e uma colher.

(Os reflectores escurecem-se)

(Ilumina-se a sala de estar)

João: Cinco vezes onze é cinquenta e cinco, cinco vezes doze é sessenta!

André: Maravilhoso.

Rwizi: Meu grande homem.
Sally exprime a sua repreensão ao retomar o seu lugar.

Sally: Rwizi, ages como se não soubesses que o João é génio.

João: O que é génio?

André ri-se.

Sally (para André duramente): Não é nada engraçado.

André pára de rir.

Sally: João, um génio é alguém muito inteligente.

João: Sou inteligente?

Sally: Claro, sabes que és

João: Mas na escola...

Sally: Não importa a escola, vai lavar as mãos, o jantar está pronto.

João sai da sala para ir lavar as mãos.

Benjani prepara a mesa usando a louça de porcelana e cristal da vitrine. As tigelas de comida são colocadas sobre a mesa. Volta para a cozinha e traz uma bandeja com dois pratos de comida e um practo cheio de água e os coloca no chão em frente de Majasi. Sally, Rwizi e João sentam-se à mesa. André e o pai lavam as mãos e passam a comer a comida dos dois pratos aos pés.

Sally: Disseram que o meu vestido não estará pronto até amanhã?

Rwizi: Sim.

Sally: E as tuas calças?

Rwizi: Estavam prontas, mas decidi que iria buscá-las junto com o teu vestido.

Sally: Não deverias ter, porque tenho aquele outro vestido que comprei no ano passado, é claro que é um pouco grande demais agora, visto que perdi demasiado peso. Acho que só teremos que usar os nossos trajes antigos para o ensaio desta noite.

Rwizi: Não posso ir ao ensaio esta noite. Tenho de ir à reunião.

Sally: Que reunião?

Rwizi: A reunião do partido.

Sally: Política? Na semana passada foi a outra, hoje à noite vai de novo?

Rwizi: Se não for, a nossa casa será a única não representada em todo o bairro, ainda bem que não nos pediram hospedar uma reunião.

Sally: Hospedar uma quê?

Rwizi: Os locais de reunião são rotativos.

Sally: Não vou ter esses *kaffirs* a entrarem na minha casa com seus odores fedorentos.

Rwizi: Não te preocupes, querida, quando me pedirem, vou arranjar desculpas.

Sally: Disseste que todo o bairro frequenta? Estás a dizer-me que o Sr. Chikomo ou o Sr. Katoro, o director da escola secundária, participam nessas reuniões políticas com todas essas pessoas sem instrução?

Rwizi: Sim.

Sally: Organizam reuniões nas casas deles também?

Rwizi: Não sei. Não frequentei uma em nenhuma das casas deles.

Sally: Aí está. As pessoas em Beatrice Cottages não precisam dessas reuniões políticas, têm coisas melhores para fazer com as suas casas, apenas aqueles trabalhadores e funcionários que vivem em locais nacionais e outros como esse têm tempo a perder com a política africana inútil. (Abanando a cabeça) O que esses africanos precisam é de pessoas como eu, que dirigem para as escolas missionárias em Mutoko para doar alimentos, medicamentos e roupas. Nada dessas loucuras políticas.

Continuam a comer em silêncio. No entanto, Sally quase não come. Ela olha fixamente para o marido, que evita olhar para ela.

Sally: Rwizi, realmente queres dizer-me que vais desistir dos ensaios de dança de salão clássica europeia para passares o teu tempo com um bando de africanos ignorantes uivando na lua e clamando pela independência dos seus benfeitores brancos - gritando *slogans* sem sentido sobre a independência e o governo da maioria?
Rwizi: Nem todos são incultos.

Sally: O que podes aproveitar disso?

Rwizi: Sabes, desde que a mãe morreu, tive muitos pensamentos sobre a situação política neste país. Se a mãe fosse uma mulher branca, o soldado não a teria matado a sangue frio assim.

Sally: Ficámos todos profundamente chocados com isso, mas deves perceber que os soldados estavam apenas a cumprir o dever deles. Se ela não tivesse sido misturada com os terroristas, nada daquilo teria acontecido.

André (interjeição): Ela não se misturou com ninguém, os rapazes pediram-lhe cozinhar alguma carne que levavam com eles. O que poderia fazer?

Sally ignora a interrupção de André.

Sally: Bem, de qualquer forma, remetendo para o que eu estava a dizer-te, Rwizi, não precisas de te misturar com essas pessoas.

Rwizi: Mas o que posso fazer?
Sally: O que podes fazer? Não participes, é o que podes fazer.

Rwizi: Isso é perigoso. Podem pensar que somos traidores.

Sally: Traidores? A trair o quê? A quem? O que têm em Nacional que possa ter algum valor para o Governo? Todos aqueles *kaffirs* que gritam "um homem, um voto" nem sequer falam correctamente o Inglês. Têm demasiados filhos. As esposas deles são tão sujas quanto os seus homens que bebem aquela *Rufaro Ngoto*, aquela cerveja caseira africana e lutam nas cervejarias do município para que as minhas enfermeiras percam o valioso tempo do hospital a costurar as cabeças vazias deles. O que te podem fazer a ti?

Rwizi: Tenho de pensar na nossa segurança enquanto família. Se formos rotulados de *Tsombes*, traidores, antipáticos à situação dos negros do país, podem apedrejar a nossa casa ou o nosso carro quando vamos ao serviço.

Sally: Então, achas que consegues nos proteger da inveja deles? Os soldados e a polícia vão proteger-nos, é o trabalho deles proteger-nos desses macacos.

Rwizi: Mesmo assim, acho que é o meu dever ir.

Sally: Às vezes falas como o pequeno João aqui. Por que não és razoável? Achas que esses terroristas que correm pelo campo chamando-se de combatentes pela liberdade de Zanla ou Zipra, guerrilheiros, seja qual for, algum dia conquistarão o homem branco e tomarão possse deste país? Brincam com o poder dos europeus. Vi-o com os meus próprios olhos quando estive na Inglaterra. Imagine os *kaffirs* a falarem sobre a independência, o governo da maioria -eh - achas que um homem negro como Mugabe ou aquele gordo Nkomo pode ser um primeiro-ministro governando os brancos? Estás a brincar.

Rwizi: Eles têm primeiros-ministros e presidentes negros em toda a África, Quénia, Moçambique, Zâmbia e Tanzania em toda a África.

Sally: Em primeiro lugar, deixa-me dizer-te isso. Eles têm primeiros-ministros e presidentes negros lá porque os brancos não queriam viver lá. Não é como aqui na Rodésia, os brancos não vão a lugar nenhum. Eles vão governar este país para sempre.

Sally interrompe-se, olhando para Rwizi que olha para baixo a comer a sua comida.

Sally: E quais são esses países, afinal? Chamarias Tanzania ou Zâmbia de país? O que têm lá, senão africanos famintos e incivilizados chafurdando na pobreza, muita e mesmo muita também? Os africanos deste país, desta Rodésia, deveriam é dar graças e agradecer a Deus que a Rodésia está cheia de brancos.

André não aguenta mais.

André: Não vejo como pode haver bênçãos para o africano contar sob o domínio deste regime branco da Frente da Rodésia que mata e oprime todos nós?

Sally: Oprime-te? Deves estar cheio daquela comida que Benjani acabou de te servir. Oprime-te? Como é que o homem branco te oprime quando construiu escolas para ti, quando te dá emprego? Sem o homem branco, terias as roupas que tens no teu corpo?

André: Sim.

Sally: Esta foi uma discussão séria entre Rwizi e eu. Não interrompas a menos que tenhas algo sensato a dizer.

André: Estou a ser sensato. Está a insinuar que, se não fossem os europeus que nos colonizaram à força, o africano teria sido extinto.

Sally: Não disse isso. Fiz-te uma pergunta simples: sem os europeus terias a roupa que vestes?

André: Talvez não esta camisa colorida. Mas sim, eu teria roupas, assim como os nossos antepassados tinham roupas adequadas ao seu ambiente. Pode não ter sido material sintético, mas serviu o propósito. A prova é que, quando somos deixados sozinhos, nós, africanos, nos saímos muito bem sozinhos. Os nossos antepassados construíram o Grande Zimbabwe sem a ajuda de nenhum homem branco.

Sally: Não estou a falar da história antiga.

André (a falar suave e respeitosamente): Ok, mas cunhada, diz que os europeus estão a nos alimentar. Verdade. Atiram-nos os restos da sua mesa. Antes de eles virem, tínhamos alimentos que nós mesmos cultivávamos na nossa terra e caçávamos nessa mesma terra. Não há bênçãos para o africano contar na Rodésia, só há miséria para nós.

Sally: Só há miséria para os preguiçosos e incultos. O meu marido é o gerente assistente do Departamento de Rendimentos da Cidade de Salisbury, e sou matrona no Harare General Hospital. Saímo-nos muito bem por causa do homem branco e tu também.

André: Como podemos nos sair bem quando somos classificados como não qualificados para votar no nosso próprio país apenas por causa da cor? E o nosso orgulho e dignidade?

Sally: Não precisas de um voto para ter dignidade e orgulho. Isso vem da educação e das roupas que usas. Quando eu estava na Inglaterra, todo o mundo estava bem vestido e educado. Os brancos são realmente maravilhosos, é isso que vocês, africanos, deveriam estar a tentar fazer, ser educados e usar roupas bonitas como os brancos, em vez de morder a mão que está a tentar alimentá-los.

André: Cunhada, fala sobre a Inglaterra e, no entanto, esteve lá apenas um mês, talvez...

Sally: Então, estive lá apenas um mês, quantos africanos conheces pessoalmente que estiveram em Londres ou em qualquer lugar no exterior, hein ? Conta-nos?

André: Nenhum.

Sally: Então, não discutas comigo sobre coisas sobre as quais não sabes nada. O homem branco está a tentar ajudar a todos.

André: Não, cunhada. O homem branco está a tentar ajudar ninguém além de si próprio. A Inglaterra para os ingleses e a África para os africanos. Os europeus não devem vir aqui governar-nos. Isso é tirania e não caridade. Vieram com armas máximas e dinamite e mataram os nossos antepassados e agarraram à força tudo o que tínhamos para si.

Sally: Rwizi, sabes que o teu irmão soa como um terrorista comunista?

Rwizi ri-se.

Sally (desdenhosamente): Então, diga-nos Sr. André Choto, o que exactamente tens que o homem branco quereria? O que tirou de ti?

André: O meu país. A nossa terra. Nós, africanos, possuímos esta terra colectivamente. Queremo-la de volta e vamos recuperá-la. Cunhada, no quarto ano ensinam a história deste país, mas se ler nas entrelinhas, verá que Cecil Rhodes e o reverendo Moffat estavam em conluio para seduzir o rei Lobengula, é por isso que Lobengula assinou aquele papel fraudulento chamado de Concessão Rudd, que deu a Rhodes o direito de assumir o nosso país. Foi um assalto à luz do dia. Queremos a nossa terra de volta.

Sally: A vossa terra? Têm terras nas reservas africanas e vocês, negros, nem podem se alimentar. Fazem-me rir.

André: Isso porque é um solo pobre.

Sally: Vocês é que tornaram o solo pobre; é por isso que eu continuo a dizer-lhes, precisam de educação. Com a educação, saberiam que não existe solo pobre na Rodésia.

Rwizi: Eh, Sally acho que estás a ser injusto com os africanos, já que eles precisam de educação. Mas sabias que, aquele fazendeiro branco, Danques, dono da loja em Fort Vic Road, possui mais terras na sua fazenda somente do que todas as terras que o governo destinou para todos os africanos na Reserva Africana de Mhondoro. Então, sim, acho que é razoável dizer que esses pobres africanos poderiam servir-se bem de mais algumas terras nas reservas. Afinal, não se pode plantar e colher do mesmo pequeno pedaço de terra repetidamente. O solo morre.

Sally: Mais terra para desperdiçar e fazer com que todos nós morramos de fome. Digo que não, deixem Danques e o resto dos agricultores europeus possuirem as terras.

André: Os europeus são ladrões.

Todos se riem.

Sally: Que infantil, não tens nada para ninguém roubar, nem mesmo um ladrão africano. O que tens?

André: Ainda sou jovem. Vou conseguir emprego.

Sally: Sim, e nunca te esqueças. Quando vais procurar emprego, vais para um homem branco. Ele dar-te-á emprego. Vai pôr comida na tua boca. Vai colocar a roupa nas tuas costas.

André: Tudo isso vai mudar um dia.

Sally: És realmente um deles, não é? Um terrorista, um dos comunistas. Que partido é esse? Hein ? ZAPU? ZANU? Meu Deus, o meu marido desperdiçou o nosso dinheiro a pagar as tuas propinas na St. Paul's. Não aprecias nada, não é? (Ela imita-o) "Tudo isso vai mudar um dia." Deixe-me dar-te alguns conselhos gratuitos, meu rapaz. A única coisa que vai mudar é que o governo vai parar de brincar com vocês, comunistas. Quando isso acontecer, vocês todos serão lançados na cadeia onde todos pertencem e o resto dos teus amigos terroristas correndo pelo mato vão morder balas em alta velocidade. As forças de segurança do governo vão arrastar os seus cadáveres por todo o país, tal como fizeram na semana passada na TV, quando mataram o terrorista que se chamava camarada Mabhunu Mapera. Foi ele que foi terminado e não o homem branco. Podes brincar com qualquer coisa, mas não tentes brincar com Ian Smith. Lá, estás agora a brincar com fogo. Então aqui está o meu conselho gratuito para ti; Ian Smith disse: 'Não em mil anos. Os africanos nunca governarão este país." É melhor acreditares, não em mil anos. Então, pares de perder o teu tempo e faz algo de ti próprio com essa educação que tens que eu e o meu marido pagamos.

João deixa cair o garfo ruidosamente sobre a mesa.

Sally: João, não brinques com a tua comida. Come...

João: Mas estou cheio.

Rwizi: Come a tua comida, João.

João relutantemente remexe a comida.

Sally: Querido, espero que reconsideres essa reunião absurda. Nenhum desses *kaffirs* tem o que temos, é por isso que te chamam para reuniões. São invejosos, gostariam de vê-lo preso ou algo assim. Temos amigos brancos, um carro, uma casa linda, televisão e o nosso filho anda numa escola europeia onde só há seis outros africanos. Já és independente. Não precisas de governo maioritário neste país como esses africanos bobos estão a dizer. Já temos um governo maioritário na Rodésia... (Volta-se para o André)
... quanto a ti, rapaz, devo avisar-te para teres muito cuidado com o que dizes na frente do meu filho. Custa-nos muito dinheiro fazer dele o bom rapaz que é.

Ela bebe um pouco de água e deixa a mesa.

Sally (*grita para a cozinha*): Benjani vê là que o meu velho vestido preto de noite é apresentável. Vou tomar banho.

(As luzes diminuem-se)

Cena 6

(Ilumina-se o quarto)

Sally acabou de tomar banho e mudou de roupa. Ela está a maquiar-se. Rwizi está de pé perante ela, admirando os seus traços hábeis com o lápis de sobrancelha.

Sally: Não sei o que se passa contigo ultimamente. Estás a ser muito teimoso. São apenas 7h30 e ainda podemos chegar ao ensaio juntos. Temos que ganhar quatro regionais para chegar ao campeonato, sabes?

Rwizi: Bem sei, estaremos juntos no sábado, então não te preocupes.

Sally: Pode haver alguns novos padrões de entrada, como vais aprendê-los?

Rwizi: De ti, a melhor dançarina de todo o clube.

Sally: Suponho que tens razão a esse respeito. De qualquer forma, devo sair agora. Meta o João na cama antes de saires.

Rwizi: Vou fazer isso.

Beijam-se.

Sally: E André, o que vais fazer com ele?

Rwizi: Pode dormir no quarto de Benjani, não pode?

Sally: Ok, mas esse quarto foi construído para uma pessoa, quantas pessoas podem caber naquela cama de solteiro?

Rwizi: Vai dormir no chão. A única outra alternativa são os albergues e, como sabes, lá são doze homens para um quarto.

Sally: Bem sei de tudo isso, mas o facto é que não pode ficar aqui. Tenho de pensar no bem-estar do nosso filho. Além de Benjani trabalhar para nós, o que André faz por nós?

Rwizi: Não vais começar tudo de novo, não é?

Sally: Muito bem.

Rwizi: Vou encontrar algo para ele de manhã.

Sally: Muito bem.

Ambos saem do quarto seguidos pela luz rumo à sala de estar. Sally dá um beijo de boa noite ao filho e vai embora.
Com Sally fora de casa, Rwizi, o pai e o irmão, André, falam uns aos outros em Shona.

Rwizi: João, estás pronto para dormir?

João: Posso assistir TV apenas um pouco?

Rwizi: Não, não, não quero chegar atrasado para a minha reunião, há *pungwe* esta noite.

João: Mas sempre me deixas assistir um pouco mais de TV antes de me meter na cama.

Rwizi: Eu sei, eu sei, mas esta noite, não. *Nhasi kune pungwe* .

João: O que é "*pungwe* "?

André: João, *pungwe* é Shona, significa pernoitar, até o amanhecer.

João: Então, vais pernoitar?

Rwizi: Não, não vou sair quando eles começarem *bhira* ?

André: *Bhira* ? O que está a acontecer lá irmão (mais velho)? É uma reunião política, uma coisa social ou algo religioso?

Rwizi: São todas essas coisas. Na verdade, a reunião é segredo, Sally não sabe, mas foi por convite especial que aceitei.

Rwizi: Sim, é uma reunião política realizada sob o disfarce de um *bhira* para que os agentes do governo pensem que estamos apenas a fazer os nossos rituais tribais africanos no caso de haver uma invasão.

Majasi: Disseste que há um *bhira* ?

Rwizi: Sim, mas a reunião é sobre a libertação do país.
Majasi: Lá na aldeia, nas Reservas de Mhondoro, onde quer que houvesse um *bhira* durante as férias escolares, a certeza é que se encontrava lá o André com o seu *mbira* .
Rwizi: Ah, como que me posso esquecer? Já não o ouço tocar há bastante tempo.
Mas sei que André era uma criança prodígio, aposto que agora é um excelente tocador de *mbira* . Lá onde vou, tocam *mbira* misturado com guitarras eléctricas e bateria. Chamam-na de fusão *mbira* para atrair os jovens.

Majasi: É pena que os soldados tenham incendiado o seu quarto onde se guardavam os seus *mbira*s no dia em que mataram a vossa mãe.

Rwizi: É pena, sim.

André: Não te preocupes, pelo menos você, o nosso pai, sobreviveu a tudo isso. Vou fazer alguns novos *mbira*s mais tarde, quando eu estiver estabelecido. Então, irmão (mais velho), posso ir consigo?

Rwizi: Pela maneira como estavas a discutir com a tua cunhada, pertences lá.

Todos se riem.

Majasi: É apenas uma mulher. Sabem como elas são. Deixem-na desabafar e nunca discutam com uma mulher. Nunca ganham.

André: Não quis discutir com ela.

Rwizi: Eu sei.

Majasi: André parece-se comigo, é obstinado. Orgulho. (Ele ri para si próprio). Wilson, era assim que me chamavam, e as mulheres, hein , que mulher não queria casar comigo? Claro que as nossas mulheres não eram como as vossas. Não sabiam falar Inglês, mas eu podia.

André (céptico): ummm... verdade isso, pai?

Majasi: Sim.

André: Então o que aconteceu?

Majasi: Fiquei velho.

Risos.

André: Não, pai, não acontece assim.

Majasi: Sim.

Rwizi: Espera que eu seja como você quando envelhecer.

Majasi: Podes acreditar que sim.

Risos de novo.

Rwizi: João, vamos, levanta-te que é hora de dormir.

Rwizi levanta João do sofá e leva-o para a cama. Volta.

Rwizi: Benjani?

Benjani (da cozinha): Senhor.

Rwizi: André vai dormir no seu quarto. Vou encontrar-lhe um lugar próprio nos albergues mais tarde.

Benjani: Sim, senhor.

Rwizi (para André): Tudo bem contigo, André, não é?

André: Sim, tudo o que puder arranjar para mim, irmão (mais velho).

Rwizi: Bom. Ora,deixa-me certificar-me de que João está na cama e podemos sair.

FECHA-SE A CORTINA

NATIVOS DE ALTA CLASSE
Bailarinos de Salão & Tocadores deMbira

ACTO
DOIS

Na mesma noite em casa dos Mlambo

A música de fusão mbira vem da casa.

Quando a cortina se abre, Rwizi e André chegam ao local da reunião. Estamos na residência da família Mlambo. O cenário é igual ao da casa de Choto, excepto que há menos móveis na casa. A acção realiza-se numa sala de estar grande o suficiente para acomodar pelo menos 12 pessoas, sentadas nos sofás ao longo da parede e no chão. Há uma mesa de centro no meio. A porta do quarto é visível, mas fechada.

Rwizi tem um chapéu de pele de animal na cabeça, quando ele e André entram na casa dos Mlambo. A música mbira vem da casa. Há 2 jovens sentados na varanda servindo de vigias.

Rwizi cumprimenta os dois jovens.

> *Rwizi: Boa noite, pessoal.*

> *Vigia #1 (reconhecendo Rwizi): Ah boa noite, senhor. Por favor, entrem.*

> *Rwizi: Ah ok. Este é o meu irmão mais novo. Chama-se André.*

André cumprimenta os 2 vigias, aperta-lhes as mãos e segue Rwizi.

Rwizi tira os sapatos, assim como André, deixando-os do lado de fora da porta onde abundam os pares de sapatos de outras pessoas. Eles entram na sala de estar e encontram um lugar para se sentarem. Num canto estão músicos a tocar música tradicional mbira usando vários instrumentos, mbiras, guitarra, bateria e percussões. Os homens têm na cabeça chapéus de pele de animal, semelhantes aos de Rwizi, e as mulheres vestidas de pano ouvem a música batendo as palmas ao ritmo da batida. Passam-se por aí algumas cervejas engarrafadas. Passa-se uma cerveja a Rwizi, que a agita, e André também. A música intensifica-se subindo a um crescendo e gradualmente diminui-se. MUCHAZOZVIONA (Muchazo), a vocalista, uma entre os tocadores de mbira , é uma jovem da idade de André, Revela-se o seu rosto quando coloca a grande cabaça que abriga o seu mbira . Muchazo vê André e fechando os olhos, sorri timidamente para ele. Ao lado de

Muchazo está CHAMUNORWA (Chamu), o líder do grupo, também a tocar mbira. Chamu brinca cutucando Muchazo nas costelas quando ele percebe a interacção silenciosa entre André e Muchazo.

Um dos homens grita: LIBERDADE!

Todos na sala: KWACHA

Rwizi: UM HOMEM

Audiência: UM VOTO

Uma das mulheres: GOVERNO DA MAIORIA!

Todos na sala: AGORA!

A música recomeça. Há, por acaso, um *mbira* deitado no chão no canto onde os músicos estão a tocar. André gesticula para Chamu que quer tocar aquele *mbira* que está deitado no chão. Chamu acena com a cabeça encorajando-o a pegá-lo e vir sentar-se no chão e juntar-se a eles. André pega no *mbira* e senta-se com os músicos juntando-se facilmente ao ritmo da canção. Logo a sua destreza virtuosa nas teclas do *mbira* leva-o à liderança da canção e Muchazo abandona o seu *mbira* para se concentrar em liderar a canção com Chamu a apoiar André. A combinação da intensidade de André com a voz de falsete de Muchazo transforma a sala num *bhira* tradicional. Quando a música finalmente baixa, Rwizi é o primeiro a falar.

Rwizi (batendo palmas na tradicional saudação Shona): Honrando e agradecendo aos antepassados do Zimbabwe.

Todos na sala: Somos GRATOS!.

A porta do quarto abre-se. Sr. Mlambo, um homem corpulento e calvo, aparece do quarto. Ele fecha a porta, falando. André regressa ao seu lugar ao lado de Rwizi.

Sr. Mlambo: Eu ouvi a sua voz Sr. Choto.

Rwizi: Ah, sim. Sr. Mlambo, acabámos de chegar.

Os dois homens apertam as mãos. Sr. Mlambo senta-se no canto que lhe estava claramente reservado. Alguém lhe entrega uma cerveja que ele aceita.

Rwizi junta as mãos e bate palmas respeitosamente de acordo com a cultura Shona e fala com Sr. Mlambo. Rwizi apresenta André.

Rwizi:. (sorrindo orgulhosamente). Eu trouxe um maestro de *mbira*. Este é André, o meu irmão mais novo. Ele acabou de chegar hoje de Msami, onde estava a fazer o quarto ano).

Sr. Mlambo: Eu podia perceber que havia uma diferença no som. Muito prazer em conhecê-lo, André. Toca-nos Nemhamusasa para que possamos agradecer devidamente aos antepassados, a guerra está para começar.

André volta e pega o mbira . Eles tocam a música "Nemhamusasa".

Quando a música esvanece, Rwizi fala.

Rwizi: Somos gratos por nos vermos. Como tem estado?

Sr. Mlambo:. Estamos muito satisfeitos por ter podido visitar-nos. As coisas tornaram-se difíceis.

Rwizi: A guerra está a começar a morder os brancos. Vemos isso na cidade e nos nossos escritórios. Andam muitíssimo quietos hoje em dia. As coisas estão a mudar.

Sr. Mlambo: Sim, mas devemos permanecer firmes e continuar a apoiar os nossos meninos e meninas no mato, que estão a lutar esta guerra para nós.

Rwizi coloca a mão no bolso e pega algum dinheiro (dólares) e dá-o a André para passar ao Sr. Mlambo. O Sr. Mlambo aceita o dinheiro.

Sr. Mlambo (em Shona): Obrigado, o dinheiro é mais conveniente para os apoiar . Alguém deixou um saco de roupas e sapatos na minha loja. Há boas roupas, jeans e sapatos de lona de que os meninos precisam, mas se eu estivesse na loja, não teria aceitado a bolsa porque é difícil para nossos entregadores se movimentarem com sacos de roupas com todos esses informantes e bloqueios de estradas em todo o lugar.

Rwizi: Não vou ficar mais, eu tinha apenas vindo dar a minha contribuição. Amanhã é dia de trabalho. André pode ficar e continuar com todos, para que se conheçam.

Sr. Mlambo: Muito bem, Sr. Choto. Agradecemos as suas contribuições. Faz uma grande diferença).

Rwizi: De nada. É pela luta pelo nosso país.

Enquanto, Rwizi sai. Os músicos iniciam outra canção.

FECHA-SE A CORTINA

NATIVOS DE ALTA CLASSE
Bailarinos de Salão & Tocadores de Mbira

ACTO
TRÊS

Em Casa dos Choto - Três meses depois – durante o dia

<u>Cena 1</u>

É uma sexta-feira à tarde em casa dos Choto. A acção realiza-se na varanda que fica de frente dando para a rua de asfalto estreito que passa pela casa. Há uma vedação de corrente baixa com um portão na frente da casa, parte da qual pode ser vista pelo público. Há uma pequena relva verde entre a cerca e a varanda, estendendo-se ao redor da casa inteira. A parte da varanda vista pelo público está do lado esquerdo da porta da frente, com uma janela que dá para a sala de jantar / estar. Uma vez que a acção se realiza no exterior, terá de haver algum ruído ambiental do bairro, da rua e dos vizinhos que por ali passam.

Quando a cena começa, João, de seis anos, está a correr com um carrinho de brinquedo no chão da varanda, enquanto o seu avô, Majasi, está sentado numa cadeira rente à rua. Embora esteja bom e ensolarado do lado de fora, Majasi está vestido de um sobretudo, conversando com o seu neto, desfrutando da música mbira que soa da rádio *dentro de casa.*

João (conversando com o seu avô sem olhar para ele): Avô, como é que gosta tanto dessa música mbira?

    Majasi: É a nossa música tradicional de *chinyakare.*

    João: Avô, o que é " *chinyakare* "?

    Majasi: *Chinyakare* significa de antigamente, há muito, muito tempo.

    João: Você é *chinyakare?*

    Majasi (*dá uma gargalhada*): Não, não sou tão velho assim. Significa muito tempo antes mesmo de eu nascer.

    João: Ah está a ver, avô, fala Inglês!

Majasi: Eu, não entendo ingres.

João: Ah avô, conheço-o agora, apenas finge. Bem sei que entende Inglês.

Majasi *(risos)*: E também te conheço. Conhece Shona também.

João: Mas, se avô pode falar Inglês, como é que sempre quer falar comigo em Shona?

Majasi: Porque é a nossa língua nativa.

João: Mas a minha mãe diz que Shona é para pessoas ignorantes. Você é ignorante?

Majasi: O que acha?

João: Não, não é ignorante. É o meu melhor amigo. *(Levanta-se e abraça o seu avô).*

Majasi:(rindo-se e abraçando João, falando em Inglês): Claro, posso falar Inglês, mas por que deveria fazer isso? Os ingleses têm a sua própria língua inglesa. Os povos africanos têm as suas próprias línguas africanas. Shona é a minha língua africana. Então, só falo Inglês quando tenho vontade. E deves ser como eu, aprender a falar Inglês, Shona, Ndebele... todas as nossas línguas. Entendes? A língua é para falar com as pessoas e não para *kuvhayira*.

João: O que é *kuvhayira*?

Majasi. Gabar-se .

João: Avô, o que é gabar-se?

Majasi: Gabar-se é exibir-se, agir como se fosse mais importante do que as outras pessoas? Não é bom.

João (acena com a cabeça em concordância): Sim. *Kuvhayira* não é bom. Às vezes, os meus amigos riem-se de mim quando falo Shona. Dizem que eu falo um inglês-shona engraçado, mas não me importo. Gosto de brincar com os meus amigos.

Majasi: Muito bom.

João volta a brincar com o brinquedo.

João: Avô, estou com fome, onde está o tio André?

Majasi: Ele estará aqui logo logo.

João: Eu gostaria que ele viesse agora, porque quando a mãe não está aqui para dizer a Benjani para nos dar o almoço, Benjani só espera para cozinhar até pensar que estamos todos aqui.

Majasi: O teu tio estará aqui em breve.

Majasi começa a acenar com a cabeça ao ritmo da música mbira que soa da rádio.

Majasi: Vá e ligue a rádio. Eu gosto mesmo desta canção.

João corre para dentro de casa para aumentar o volume da rádio.

Enquanto João está em casa, André chega da rua, abre o portão e caminha rumo à varanda onde está sentado o seu pai. Cumprimenta o pai, batendo as mãos de acordo com a tradição, ficando em pé perto da porta, preste para entrar. Majasi e André falam um ao outro em Shona.

André: Deixe-me buscar uma cadeira.

Ele entra na casa e volta para a varanda com a cadeira e senta-se.

André: Boa tarde, Mupamombe. Porquê veste o sobretudo neste tempo quente?

Majasi: Ah, não te importes comigo. Tenho calafrios e umas dores no corpo. É apenas a velhice.

André: Tudo bem se assim diz.

Majasi: Então, diz-me Mupamombe, és o caçador. Diz-me como anda a caça nas florestas selvagens de empresas e indústrias?

André *(abatido)*: Pai, ah pai, já se passaram três meses! Há três meses que estou à procura de emprego! Não há nada, nada lá fora. Nada.

Majasi (acenando com a cabeça com simpatia): Ouço-te meu filho, mas três meses não são três anos.

João regressa à varanda.

João *(animado, abraçando o André)*: Tio André! Eu estava na casa de banho, então não o vi entrar. Eu estive à espera de si! Por que levou tanto tempo para vir hoje? Não está com fome? Estou com fome. Sabia que o Avô fala Inglês?

André: Espera aí, espera aí devagarinho pequeno Mupamombe, devagarinho. Primeiro deves cumprimentar-me devidamente, como te ensinei.

João: Ok. Ok.

Majasi e André, com sorrisos no rosto, observam João dar um passo para trás e entrar numa posição agachada tradicional e colocar as suas mãozinhas juntas.

João (*bate palmas enquanto fala em Shona):* Boa tarde Mupamombe.

André (*rindo-se, aprova*): Boa tarde Mupamombe. Fizeste-o bem João. Agora levanta-te, vem sentar-te comigo enquanto falo com o Avô.

João levanta-se e junta-se ao avô e ao tio.

Benjani traz um prato de água e comida numa bandeja e coloca-os aos seus pés.

Benjani: João, entra na casa e senta-te à mesa.

João: Quero comer aqui na varanda no chão como Avô e tio André. Posso?

Benjani: Não.

João: Por que não?

Benjani: Porique a sua mãee diz simpre comes à mesa.

João: Tio André, posso lavar as mãos e comer do seu prato?

Benjani: Não João, vemm ou infomu a tua mãee.

João: Por favor, tio. Odeio essa mesa. Eu gostaria que não tivéssemos uma mesa de jantar.

André: Não, João. É um Mupamombe. Ouve o Benjani. Agora vai comer à mesa antes que todos tenhamos problemas com a tua mãe.

João irrita-se, mas segue a ordem e vai para dentro da casa.
Majasi e André comem no chão. Continuam a sua conversa em Shona.

Majasi: Não pareces bem, meu filho, és toda pele e ossos.

André: Você não parece tão bem, pai.

Majasi (encolhe os ombros): ummm.

André: É difícil lá fora no mercado de trabalho, pai.

Majasi: Bem sei, Mupamombe. Mas o que podes fazer, senão continuar a tentar?

André: Se fosse apenas uma coisa, não seria tão difícil. Do jeito que está, ficar um passo adiante da polícia já é uma tarefa em si.

Majasi: Hein?

André: Enquanto desempregado, uma pessoa é vagabunda e, no entanto, para conseguir os empregos, tem que ir e ficar à espera fora dos portões da fábrica e lugares afins, onde os empregadores escolhem os afortunados. Mas a polícia vem e prende-a lá também, o mesmo lugar onde vai procurar trabalho para ser empregado para que não seja vagabunda. Não sei.

Majasi: Está tudo bem, filho; vais encontrar um emprego um dia desses.

André: Até lá, onde vivo? O que como?

Majasi: És um homem, meu filho, vais ficar nos albergues e comer aqui como tens feito desde que vieste do colégio internato.
André: Pai, mesmo que eu quisesse, não há lugar para eu cozinhar lá, mas além disso não tenho dinheiro para comprar

nada para cozinhar e nem panelas para cozinhar o nada que
tenho. Então aqui estou. Todos os dias à hora do almoço, se
não quero morrer de fome, devo percorrer cinco milhas do
Matapi Hostel para vir aqui para Beatrice Cottages comer e
faço a caminhada difícil de volta de cinco milhas, quando
volto, estou tão faminto como estava quando saí.

Eu moro num quarto com nove homens, mais velhos do que
o meu irmão, Rwizi. Há tantos ladrões e assaltantes que
ninguém guarda nenhuma roupa no quarto, excepto talvez as
roupas íntimas, mas que podem ser roubadas também.
Roubam colheres de chá, imagine? Uma colher de chá? E
depois, claro, há a polícia. Quase nunca dormimos em paz.
Vêm a qualquer hora da noite. *'stupa' stupa'* como se um *stupa*
fosse vida. Às vezes me pergunto sobre tudo isto. Tenho
certeza de que, quando nasci, esse não era o seu plano para
mim.

O Majasi busca nas dobras do seu casaco e dá a André uma
nota de US$ 2.

André: Obrigado, pai.

Majasi: Bem sei que às vezes as lutas na vida podem parecer
impossíveis, sobretudo em momentos de dificuldades como
está a passar agora. No entanto, ainda és jovem. Com a idade,
ganhas paciência e conhecimento de que, para todas as
estações, há uma virada. Neste momento, pode parecer que é
inverno na sua vida, mas o inverno sempre se transforma em
verão. Nada de bom ou mal perdura para sempre. Espera pela
hora certa, meu filho. Sejamos gratos aos nossos antepassados
por termos o teu irmão que pode cuidar de nós como fez.

Comem em silêncio.
Majasi: Não sei o que os espíritos dos nossos antepassados
aqui nesta Rodésia têm reservado para nós. Este horror já foi

longe o suficiente. Não sei o que Deus fez ao nosso país. É quase como se tivesse decidido dá-lo aos brancos para sempre.

André: Outros da minha idade estão a atravessar a fronteira para pegar em armas, para se juntarem aos exércitos de guerrilha em Moçambique e na Zâmbia para combater estes brancos e o seu líder Smith no sentido de acabarmos com este terrível sistema de governo. Às vezes penso que matá-los como se estivessem a matar-nos é a única solução.

Majasi: Então, pode ser, mas se fores, o que vai acontecer comigo? A tua mãe está morta, se ela ainda estivesse viva, talvez estivesse bem, mas ela foi-se, és o único que restou e sou um velho doente.

André: Pai, não disse que iria me juntar aos combatentes pela liberdade. É só conversa, Mupamombe, é só 'conversa'.

Majasi: Contemplar a vingança pela morte da tua mãe não ajudará em nada. Perdi muito mais do que isso e a maioria dos africanos da minha idade também. Deixa estar, meu filho, não vai. Os nossos antepassados cuidarão de nós.

André: É só falar, Mupamombe, não vou.
Majasi: Sim, meu filho. Sei que não me deixaria. Vais encontrar um emprego. A tua mãe foi-se. É onde pode cuidar de ti e ajudar-te a encontrá-lo.

André: Talvez eu esteja a ter todo esse azar, de não encontrar emprego porque a família da mãe não realizou os rituais para o espírito dela. Talvez seja por isso que não consegui encontrar emprego. Talvez o seu espírito esteja inquieto.
Majasi: Quem sabe? Podes ter razão, os espíritos do Zimbabwe estão perturbados e não há nada que alguém possa fazer.

André: Certamente algo pode ser feito.

TINO, um rapaz da idade de João aparece do lado de fora da cerca e grita.
Tino: Avô, onde está João? Estamos a jogar futebol.

*Antes que Majasi abrisse a boca para responder, João, de repente, aparece na porta
e grita de volta para o menino.*

João: Tudo bem, Tino, estou a chegar.

André: João, acabaste de comer?

João: Sim tio, honestamente, pergunte a Benjani.

André: Ok, mas volte antes de eu sair.

João: Ok, voltarei já, já.

João sai.

André e Majasi continuam a conversa.

André: Pai, eu tenho pensado. Como eu estava a dizer,
talvez esteja eu a ter azar de encontrar um emprego porque o
espírito da minha mãe não está em repouso. Talvez seja porque
não fizemos os rituais.

Majasi: Meu filho, a sua mãe não é da nossa linha de sangue.
Não podemos fazer os rituais para a sua mãe. Só a família dela,
as pessoas de onde ela veio, são as únicas que podem fazer isso
por ela, porque ela é filha delas.

André: Mas talvez não saibam o que estou a passar.
Devemos enviar uma palavra à sua aldeia e dizer-lhes para se
reunirem e realizarem os ritos e rituais para ajudar o espírito da
minha mãe a encontrar paz para que possa ajudar-me.

Majasi: Onde, naquela aldeia, a gente dela vai realizar os rituais para ajudá-lo e como? Já ninguém pode reunir-se em grande número nas aldeias. Além disso, muitas pessoas da família dela foram transferidas à força para as "manutenções". Tu sabes? Esteve numa dessas? Chamam-nas de aldeias protegidas. Mas não há nada parecido com elas. Na verdade, são apenas acampamentos cercados de arame alto que consistem em barracos construídos pelo governo a partir de chapas de metal. Há soldados a vigiar em todos os lugares para impedir que as pessoas se movimentem livremente. O governo teme que as pessoas forneçam comida aos nossos meninos. Além disso, o governo impôs um recolher obrigatório de madrugada ao anoitecer por lá. Então, se não se pode reunir as pessoas à noite, como se vai realizar rituais? Hoje em dia, as aldeias são campos de extermínio. Se fizer quaisquer rituais e os soldados pegá-lo a fazê-los, vão acusá-lo de orar e dar magia aos guerrilheiros para derrotarem Smith e os soldados deles. Baseado exclusivamente nessa suspeita, vão abatê-lo como um cão. Sabes como são.

João de repente volta correndo quase sem fôlego.

João (gritando): Avô, avô, avô. Tenho um segredo para lhe contar.

André: Se estás a gritar em voz alta assim, então não é um segredo.

João: É mesmo, um segredo. É um segredo, e só estou a contar ao meu amigo Avô.

Majasi: Vem sussurrar no meu ouvido, neto.

João vai em volta de André e sussurra no ouvido do avô.
Majasi desatou a rir-se às gargalhadas.

André: Qual é o segredo? O que é tão engraçado?

João: Tio André, é melhor se preparar.

André: Preparar-me para quê?

Majasi está completamente divertido.

Majasi (risos): Ele diz que tens uma namorada.

André: O quê?

João: Sim, vi-o de mãos dadas com uma menina.

André: Que menina?

João: Aquela que está a descer a rua. Vi-a do recreio onde estamos a jogar futebol. Ela está a chegar.

De repente, André desculpa-se e vai correndo com a bandeja de comida para dentro de casa.

André: Pai, deixe-me entrar e lavar as mãos na casa de banho.

Majasi ri-se de André incontidamente.

Tino, o amigo de João, seguiu-o até a casa.

Tino (encostado à vedação): João, apressa-te a voltar, não temos guarda-redes!

João: Estou a chegar!

João segue o amigo e vai embora.

Um André tímido regressa à varanda e retoma o seu lugar.

Majasi: Pareces diferente... estás a sorrir. Acho que é verdade.

André: O quê?

Um jovem, CHAMUNORWA (Chamu), e uma jovem, MUCHAZOZVIONA (Muchazo), ambos da idade de André, vêem-se na rua prestes a passar pela casa dos Choto. Eles vêem André, param e cumprimentam-se. Chamu, carregando um mbira e ,Muchazo carregando 2 mbira s ficam brevemente encostados na cerca.

Chamu: André!

André: Olá Chamu, olá Muchazo, como vão?

,Muchazo parece tímida e desconfortável. Olha para baixo enquanto fala tão suavemente que ninguém consegue ouvir o que disse.
,André levanta-se e acena para que entrem.

André: Entrem no quintal e cumprimentem o meu pai.

,Chamu e ,Muchazo entram e aproximam-se da varanda. ,André dá o seu lugar a Chamu, e ele senta-se no chão, na beira da varanda, e Muchazo senta-se na relva. Chamu e Muchazo baixaram os seus mbiras.

André está um pouco nervoso. Limpa a garganta. A conversa é em Shona.

André: Pai, estes são os meus amigos, Chamunorwa e Muchazozviona: pessoal, este é Mupamombe, o meu pai.

Chamu e Muchazo (batem palmas em respeito): Prazer em conhecê-lo, Mupamombe.

Majasi: Muito gosto em conhecê-los, meus filhos.

André: Estão a caminho do ensaio?

Chamu: Sim, vamos ensaiar. Pensamos que já estarias lá.

André: Eu estava a visitar o meu pai.

Majasi senta-se.

Majasi: Então, vocês os dois tocam *mbira* ? Até a menina também?

André: Sim, pai. Sabe que eu mesmo fiquei surpreso quando a vi tocar pela primeira vez. Eu nunca tinha visto uma menina a tocar *mbira* antes, mas ela pode tocar com o melhor, pai.

Majasi: Não é isso, é apenas que, em nossos dias, as mulheres só tocavam *mbira* entre elas, mas nunca na frente dos homens.

Chamu: Agora não, senhor, todos nós tocamos juntos e André também.

Majasi: Hummm. O André não me contou que tem amigos que tocam *mbira* . Sabe que o Andrew toca *mbira* desde que era tão novo como o sobrinho dele João. É um virtuoso tocador. Eu próprio ensinei-o.

Chamu: Sim, pai, sabemos que o André sabe tocar; até me ensinou algumas coisas para mudar o som das minhas teclas.

Majasi vira-se para André.

Majasi: André, estou feliz que não estás sozinho, meu filho. Um jovem precisa de estar perto de outros jovens. Esta cidade de Salisbury é uma selva, as pessoas aqui na cidade não se conhecem. Em casa, em Mhondoro, tinhas muitos, muitos amigos. É bem conhecido pelas tuas habilidades de *mbira* . Onde conheceste os teus amigos?

André: Conhecemo-nos naquela noite quando voltei de Msami. Na altura em que fui àquela reunião com o meu irmão Rwizi.

Majasi: Ah, sim, o teu irmão mencionou que haveria um *bhira* lá. Então, tocam *mbira* no *bhira* ?

Chamu: Sim, senhor. Somos apenas seis agora, mas seremos sete e uma banda completa se André puder se juntar a nós mais vezes.

Majasi: Mas por que não me disseste, André, que tens amigos assim que fazem o que gostas?
André: Tenho tocado com eles às vezes quando consigo. Mas, na maioria das vezes, estou muito cansado por causa de todo o tempo que passo a andar nas instalações industriais à procura de emprego.

Majasi interessa-se pela menina tranquila sentada na relva diante dele.

Majasi (a brincar): moça, estás tão calada, como uma nora visitando os teus sogros. (Ele ri-se) Então, é verdade o que João disse, que és a minha nora?

Muchazo fica envergonhada. Ela mantém a cabeça baixa, sorrindo.

André *(envergonhado)*: Ah, pai.

Chamu *(risos)*: Sim, é verdade, pai. Ela é a sua nora.

Majasi: Ah, isso é realmente muito bom.

André: Chamu! Pensei que éramos amigos, o que se passa contigo?

Todos riem-se, excepto Muchazo, que mantém a cabeça baixa.

Majasi: Então, diz-me, nora, de onde és?

Muchazo: O meu pai é de Chiweshe, mas eu nasci aqui em Harare, em National.

Majasi: E qual é o seu totem?

Muchazo: *Soko* (macaco)

Majasi: Ah, isso é bom, Soko e Mupamombe podem ir juntos.

Chamu (risos): Isso é bom! Torna o meu trabalho mais fácil. Sou o *munyayi*. Sou o intermediário, o negociador do casamento.

.

Muchazo mantém a cabeça baixa. André fica embaraçado.

André: Pai, por favor. Chamu, vais parar com isso!!

Chamu (risos): Parar o quê? Estou apenas a fazer o meu trabalho.

Majasi: É tudo em brincadeira, vocês ainda são jovens, mas não muito jovens. E, claro, com a incerteza dos tempos, nunca se sabe. Então, e a escola, vocês são como André. Era muito bom na escola, terminou o quarto ano , mas do jeito que as coisas vão, pensar-se-ia que o seu quarto ano era um desperdício de tempo e dinheiro. Os empregos que há para os africanos hoje em dia... Hein. (enojado)

André: Pai, aceitarei qualquer emprego que me oferecerem. Apesar de ter a minha educação do quarto ano, cheguei agora à altura em que estou disposto a varrer as ruas, vender tomates, limpar casa de banhos. Estou até disposto a carregar malas para os brancos. Não me importo mais; só quero um emprego; preciso de dinheiro para cuidar de si.

André aponta para Chamu.

André: Pai esse cara engraçado, Chamu, vê aqui cheio de piadas, terminou o sexto ano. Passou os exames do nível A.

Chamu: Ah, sim, Mupamombe, fiz o nível A. Esperava ir estudar para me tornar um advogado, mas as coisas são difíceis, tudo está de cabeça para baixo na Rodésia.

Majasi: E tu, nora?

Muchazo (*com confiança levanta a cabeça pela primeira vez e responde*): Eu também completei o meu nível O. Talvez se conseguir uma vaga, quero ir para Londres para estudar enfermagem.

Majasi: Então, estão todos à espera de algo?

Chamu: O meu problema é que eles me querem para o dever do "serviço militar obrigatório". O governo está a perder a guerra para a guerrilha, eles precisam de mais corpos. Lembrem-se que, por causa da cor, o Exército da Rodésia limitava-se apenas aos brancos, índios e mestiços.

André (com uma gíria e sotaque falso de uma pessoa de cor rodesiana): Não me cause problemas, pah. Quanto a mim, não vou estar em nenhum exército Rhodie. Já não sou mestiço, já não venho de Arcádia. Agora sou um africano da Reserva

Africana de Wedza! Vou lutar contra estes comunistas ters para Smith!

Chamu: André, amigo. Estou a fugir (deixando o país com pressa). Estes tipos commie não estão a brincar. Eu vi isso acontecer no Quênia com os Mau Mau, eu saí. Eu vi isso acontecer na Zâmbia, eu saí. O querido Smith é um tipo bom, mas está aqui agora. A Rodésia terminou. Vou embora. Vou para a África do Sul agora. Os brancos estão a viver muito bem nesse sistema de *apartheid* que têm lá embaixo. Além disso, há bons clubes britânicos por lá e óptimos vinhedos também. Amo o pinot noir sul-africano.

André ri-se sem parar, saltitando.

André: Meu bom homem, o que vai acontecer com o seu rabo pinot noir britânico maravilhoso quando os commie do ANC e do PAC baterem na sua porta branca do *apartheid* na África do Sul!

Chamu: (ainda com o seu falso sotaque britânico): Nunca tenhas medo, meu velho. Austrália, aqui venho, como a América, na Austrália, nós nos livramos dos nativos. Lá, os nativos estão praticamente mortos. Não como esses nativos aqui na África, são muito problemáticos, mata-se um, aqui vem outro e não ficam mortos.

Todos gargalham incontidamente.

Chamu: Mas falando a sério, pai, não vou para o serviço militar obrigatório. Vão ter que me pegar primeiro. Não vou lutar contra os meus próprios irmãos e irmãs para beneficiar os rodesianos brancos privilegiados. Se eu tiver que ir para o serviço militar obrigatório nacional como parte das condições para me inscrever no curso de direito na universidade, então prefiro não ir, embora esteja a sonhar em me tornar advogado desde que me lembro. Não me importo. Prefiro apenas tocar o meu *mbira* . Não vou morrer a fome.

Majasi: Mas André, meu filho, fala brincando de alguns mestiços a dizer que já não são de Acadia, mas de Wedza, isso está a acontecer na verdade. Há africanos de pele clara que mudaram os nomes para nomes europeus para desfrutar dos privilégios brancos na Rodésia. Mas há pessoas negras como nós a passar-se por mestiços.

André (entrando na conversa): Pai, seria uma coisa tola se eu fosse assim para o serviço militar obrigatório. Digo que chamem os mestiços para se juntarem aos brancos e índios para enfrentarem os terroristas. Não sou mestiço! Não tenho nada a defender. Nunca gozei dos privilégios que os mestiços têm para conseguir emprego nos correios ou estágios nos caminhos de ferro. Se eu fosse mestiço, não estaria nesta situação desesperada de desemprego em que me encontro agora.

Chamu: Se precisas de um emprego tão péssimo, não é tarde demais. Muchazo pode passar um pente quente pelo seu cabelo africano crespo e torná-lo liso para se deitar na cabeça para pareceres homem preto e branco. Já tens o sotaque mestiço falso, ouvi pior. Tudo o que precisas agora é de se inscrever e conseguir carta de identificação de mestiço sob o nome tal tal Andrew.
Muchazo: Assim que te registares como mestiço, estarão à tua espera para te recrutar-te ao Exército Rodesiano.

Chamu: Ah, não há problema. É apenas fazer um tempo de serviço militar e voltar e dar-lhe-ão uma aprendizagem nas ferrovias.

André: Isso é "se" eu voltasse. Não, não quero voltar num saco de corpo.

Majasi: Eiie as coisas são difíceis para a vossa geração hoje em dia, meus filhos. Não foi tão difícil para nós. Quando eu tinha a vossa idade, vim da nossa aldeia na reserva africana de Mhondoro depois de alguns estudos e em pouco tempo consegui um emprego como balconista na Companhia Costain.

André: Verdade essa, Pai? Não sabia disso.

Majasi: Ah sim, eu vim e trabalhei aqui, mas apenas o tempo suficiente para economizar dinheiro para comprar um pouco de gado para casar com a tua mãe. Depois voltei. Eu morava em Old Bricks.

Chamu: Mupamombe, era balconista da Costain? Era uma grande empresa nessa altura?

Majasi: Não me lembro quão grande era, mas tinha muitos trabalhadores. Estavam sempre a contratar pessoas para trabalhar lá.

Chamu: Bem, Costain já não existe. Foi encerrada.

Majasi: O que aconteceu? Era uma boa companhia - muitas, muitas coisas vendidas nas lojas da cidade foram fabricadas na Costain.

Chamu: Sanções, Pai. Sanções. A Rodésia está agora a sofrer sanções económicas das Nações Unidas porque este governo branco minoritário não partilha a democracia connosco, a maioria negra. A empresa Costain é uma das empresas que se tornaram vítimas das sanções. A empresa já não conseguia importar as matérias-primas de que necessitava para operar o negócio, pelo que faliu.

Majasi: Ahh é pena. Era uma boa companhia. Os brancos de lá trataram-nos bem. Ah bem, mas é bom se os brancos também perderem os seus negócios e dinheiro devido às sanções. Então, também sofrem, como estamos a sofrer.

André: Mas, Pai, essa é uma das razões pelas quais não consigo encontrar emprego.

Majasi: Nada podemos fazer.

Chamu toca nas chaves do seu *mbira* .

Majasi: Então, André, quando vou ouvi-lo tocar *mbira* novamente. A forma como tocas *mbira* faz-me ganhar vida.

Chamu chama Muchazo.

Chamu: Ei, Muchazo, talvez este seja um bom momento para dar a André o seu *mbira* .

Muchazo entrega a André um dos dois *mbira*s que carregava. André fica totalmente surpreendido.

André: Sério? Oh, meus antepassados. Sério? Pai, vê o que me deram? Como lhe agradecemos?
Muchazo: Todos nós contribuímos, Max, Ticha, Tawanda, Zodwa, eu e Chamu, todos os membros da banda. Temos isso para ti.

Chamu: Não podes ser membro pleno de uma banda se não tens *mbira* próprio, certo, Pai?

Majasi: Isso é uma coisa grande, meus filhos. Uma coisa realmente óptima. Isto é amizade. É assim que se faz. Agradecemos.

Chamu: Não é nada, Pai. André é um grande tocador de *mbira*. Queremos que ele toque connosco. Este é um pequeno sinal da nossa admiração pela sua habilidade como tocador e professor.

André: Pai, se as coisas continuarem do jeito que vão, poderia muito bem juntar-me a Chamu e Muchazo na banda *mbira*.

Majasi: Qual é o nome do seu grupo *mbira* ?

Chamu: Banda Zi-*Mbira*

André: Pai, significa, Zimbabwe *Mbira* Band.

Chamu: Sim. Mas aqui na Rodésia não se pode usar a palavra Zimbabwe em nada. Se o fizer, o CID terá um interesse muito especial em si. E não queremos ir para a cadeia.

André ri-se.

André: Intimação para a cadeia? Podemos acabar por lá estar de qualquer maneira com o tipo de músicas que cria.

Chamu: Ah, é uma oportunidade que devemos aproveitar. Olhe para Thomas Mapfumo. Está a ganhar muito bem com as suas músicas Chimurenga e as pessoas compram os discos dele como loucos, mesmo fora do país.

Majasi: Ah Thomas, é que Mukanya tem um dom especial. Pega nas nossas canções tradicionais Shona e coloca guitarras e *mbira* nelas, e soa tão bem que até nós velhos apreciamos a nossa velha música tradicional como se fosse nova. Orgulho-me pelo facto de a nossa música tradicional não estar morta, porque os jovens a estão a utilizar para inspirar a luta pela nossa liberdade na Rodésia.

André: Pai, tem mesmo razão. Thomas é agora uma estrela da música internacional. Penso que, embora o Ramo Especial do CID o ameace porque canta sobre o Zimbabwe e a revolução, não se atrevem a tocá-lo porque isso traria ainda mais publicidade internacional negativa sobre a Rodésia.

Chamu: É isso que estou a dizer, meu irmão! Ouve lá, ouve lá André, quando nos tornarmos famosos pelas nossas músicas, o governo não nos tocará porque o mundo inteiro saberá disso!

André (a brincar): Eu gosto disso, então talvez pudéssemos simplesmente cantar uma música sobre Smith, ser preso, ir para a cadeia e cantar mais um pouco de lá e ficar famoso mais rápido.

Muchazo (preocupado): Pessoal, se for assim, eu saio da banda. Quero ir para Londres. Não quero ir para a cadeia.

Chamu (risos): Estamos apenas a brincar.

Chamu é interrompido pela chegada do Sr. Chaitezvi, o amigo de Majasi que caminha apoiando-se numa bengala. Chaitezvi está obviamente agitado. Caminha até a varanda. Chamu levanta-se e cede-lhe o lugar. Chamu junta-se a André sentado no chão da varanda a olhar para os velhos sentados.

Majasi: Unedhoro, vem, vem sentar-te.

Chaitezvi deixa cair o corpo na cadeira e dá um suspiro profundo.

Chaitezvi: Mupamombe, estou no limite. A nossa vida na aldeia era muito melhor do que isto. Pelo menos lá tínhamos vizinhos a quem recorrer.

Majasi: O que se passa?

Chaitezvi (vira-se para André): André, meu filho, arranje-me um copo de água.

André levanta-se e aproveita a pausa para apresentar os amigos ao amigo do pai antes de entrar repentinamente em casa para buscar o copo de água.

André: Boa tarde, avô. Estes são os meus amigos Chamu e Muchazo.

Chamu e Muchazo cumprimentam o velho, que está obviamente preocupado.

Majasi (a falar *com o Chaitezvi*): Unedhoro, hoje eu ia ficar em casa e deitar-me porque não me sinto bem, mas vim sentar do lado de fora à tua espera porque consegui encontrar as ervas que me pediste.

Chaitezvi: Oh, obrigado. Mas deixa-me dizer-te por que demorei o dia todo para vir aqui.

Chaitezvi faz uma pausa para recuperar o fôlego e receber o copo de água oferecido por André.

Chaitezvi: Mupamombe, a nossa vida na aldeia não era assim, não há ajuda. O meu neto, Magedjo, o menino que cuida de mim na casa do meu filho. Está nas celas da polícia, preso.

Majasi: Aquela criança?

Chaitezvi: Sim, aquela criança. Aquele rapaz tem 14 anos, ainda não tem 15 anos, mas tem um corpo grande como a mãe. Eles prenderam-no porque estava a brincar do lado de fora sem o seu *stupa*.

Chamu: Um rapaz de 14 anos não tem de levar um documento de identificação, não é?
André: Acho que não. Eu pensei que os *stupas* eram para pessoas com mais de 18 anos.

Chaitezvi: O meu neto está preso. Ele também tem uma boca como a da mãe. Não sei o que disse à polícia que o prendeu.

Chamu: Foi polícia ou soldados em patrulha?

Chaitezvi: Não sei.

Majasi: Onde está preso?

Chaitezvi: Na delegacia de Polícia de Stodart Hall.

Majasi: Já estiveste lá?

Chaitezvi: Estive lá? Eu estava lá ontem à noite. Eu fui lá cedo esta manhã e passei o dia à espera do responsável.

Majasi: Sei que me disseste que a mãe dele foi para Fort Vic para a aldeia dela com as meninas, mas o teu filho, o pai dele?

Chaitezvi: Sabes que ele dirige esses grandes camiões de entrega da Swift Transport?

Majasi: Sim

Chaitezvi: Bem, estão ocupados hoje em dia com os brancos a sairem com pressa, fugindo da Rodésia para a África do Sul. Assim, ele dirigiu um camião para a África do Sul anteontem para transportar os bens domésticos de uma família branca que se mudou para Joanesburgo.

André: Avô, qual é o problema? Ele é uma criança que não deveriam tê-lo prendido por isso.
Chaitezvi: O problema é que não consigo encontrar a certidão de nascimento dele para levar à delegacia de polícia de Stodart Hall para provar que tem apenas 14 ou 15 anos, seja qual for a sua idade.

Chamu: Mas certamente os vizinhos podem dizer à polícia que é apenas um menino de porte grande.

Chaitezvi: Esse é o problema. Eu gostaria que estivéssemos no país na nossa reserva. Todos ajudam a todos. Aqui em Beatrice Cottages, nem me cumprimentam quando me vêem. Apenas olham para mim como se fosse um fantasma.

Chamu: Mas há vizinhos lá, certo?

Chaitezvi: Sim, estão lá. Como já disse, a mãe do menino, a minha nora, tem uma boca nela. Tenho a certeza de que tem insultado os vizinhos, talvez por isso não se importem com o que aconteceu em casa do meu filho.

Muchazo: Ei Chamu, talvez possamos ir falar com alguns dos vizinhos e levar um deles para a delegacia de Stodart enquanto testemunha.

Muchazo vira-se para Chaitezvi para assegurá-lo que o podem ajudar.

Muchazo: Avô, somos daqui; nascemos aqui. Harare é a nossa casa. Conhecemos alguns dos polícias simpáticos da Esquadra de Stodart.

André (*entra na conversa para assegurar Chaitezvi*): Sim, avô, Chamu e Muchazo são os chamados *ma-born-location* (crianças nascidas nos municípios africanos), ao contrário de pessoas como eu nascidas nas reservas no *bundu*.

Os três jovens riem-se juntos do humor autodepreciativo de André.

Chaitezvi: Eu agradeceria do fundo do meu coração. Isso faria baixar a minha tensão arterial, meus filhos.

Majasi: Falando da tua tensão arterial e da diabetes, o que comeste hoje?

Chaitezvi: Hoje? E ontem à noite? Nada.

Majasi: Isso não é bom. O pai de Magedjo não deixou dinheiro ou comida para vocês lá em casa?

Chaitezvi: O problema não é esse. Estou a dizer-lhes. Não temos vizinhos para ajudar. Viver nesta cidade é um castigo para a nossa geração dos antepassados, digo-te. Há comida, mas Magedjo é que cozinhava para mim e agora está preso nas celas do Stodart Hall, então não há nada para comer.

Majasi: Nada?

Chaitezvi: Agora, quando voltei do Stodart Hall, coloquei a chaleira no fogão eléctrico para ferver água pensando que, pelo menos, posso fazer uma chávena de chá.

Majasi: Então, tomaste chá?

Chaitezvi: Não. A água não ferve.

Majasi: Por quê?

Chaitezvi: Como eu saberia? Eu coloquei água na chaleira num dos pratos no fogão como vi meu neto fazer. E então coloquei a coisa com o fio eléctrico na coisa e sentei e esperei para a água ferver.

André: Avô, disse que colocou a chaleira com água no fogão, depois colocou a ficha na tomada na parede?

Chaitezvi: Sim. Eu fiz exactamente isso, mas mesmo agora, enquanto nos sentamos aqui, posso dizer-vos, a água na chaleira está tão fria quanto quando a coloquei no fogão.

André: Ligou o interruptor?

Chaitezvi: O que é isso?

André: O pequeno botão que está na tomada onde conectou a coisa com o fio eléctrico?

Chaitezvi: Quem saberia alguma coisa sobre isso?

Todos gargalham sem parar.

Chamu: Avô não pode simplesmente sentar e olhar para a chaleira no fogão e esperar que ela aqueça, a menos que a ligue à electricidade.

Todos continuam a rir-se.

Muchazo: Está bem, Avô. Quando vamos para a sua casa consigo para ver sobre o seu neto posso cozinhar algo para si enquanto espero que esses caras resolvam o problema com o seu neto em Stodart.

Chaitezvi fica comovido. Respira, aliviado.

Chaitezvi: Oh, minha mãe, é uma bênção, vocês, meus filhos. Certeza? Irão resgatar-me?

André: Não há problema. Não podemos deixá-lo morrer de fome quando tem comida em casa.

André vira-se para o pai.

André: Mupamombe, ouviu o que está a acontecer com a sua *sawhira* (melhor amiga). Quanto a mim, se eu estiver na estrada depois das seis, tenho certeza de que vou encontrar os soldados em patrulha, não quero acabar por ser recrutado para o serviço militar obrigatório. Por isso, deixemo-nos ir embora agora.

Majasi: Está tudo muito bem, meu filho. Estou, de facto, cansado, vou deitando-me. Olhe, quase me esqueci....

Majasi entrega a Chaitezvi um pequeno pacote embrulhado num jornal.

Majasi: Ah, toma lá. O meu neto João e eu caminhamos pelos arbustos além das casas e felizmente para si, encontramos a erva que irá ajudá-lo com a gota.

Chaitezvi: Oh Mupamombe, os antepassados enviaram-te para a minha vida. Obrigado.

Majasi: Não digas mais, vai com essas crianças. André, chama João para ele vir agora antes de vocês irem embora.

Muchazo: O descanso é bom, Pai. Fique bem.

Majasi agarra a mão do amigo para chamar a sua atenção.

Majasi: Tu, Chaitezvi, só porque a minha nora vai ajudar a

cozinhar para ti não significa que podes começar a fazer planos para ela com um do teus muitos filhos indolentes. Ela está comprometida. Ela é a minha nora.

Todos riem-se.

Chaitezvi: Hahahaha Devo admitir que me ocorreu essa ideia. Hahaha, vocês Mupamombes têm toda a sorte com as senhoras.

Majasi: Eu continuo a dizer isso ao meu filho. Agora ouviu-o por si próprio.

Os dois velhos riem-se à farta.

Majasi: Meus filhos, estou feliz que André nos apresentou e estou especialmente feliz que vocês estão a tocar *mbira* juntos. *Mbira* é um instrumento sagrado que introduz os espíritos dos nossos antepassados nas nossas vidas, o que é bom porque nos vigiam. Por favor, venham ver-me novamente. Podem passar por aqui a qualquer momento. Espero que toquem as vossas novas músicas para eu aproveitar em casa.

Chamu: Foi uma honra conhecê-lo, Mupamombe. Fá-lo-emos.

Chamu recorre ao velho Chaitezvi.

Chamu: Avô Unendoro (dirigindo-se a Chaitezvi) vamos lá.

(Luzes apagam-se)

Cena 2

(Luzes acesas)

Quando as luzes se apagam, não há ninguém no palco, excepto uma tela alta suficientemente larga para cobrir o palco inteiro. A tela é pintada como uma paisagem urbana de parques e edifícios de escritórios dominados por um edifício com uma placa que diz: "Município da Cidade de Salisbury, Departamento de Rendimentos."

(Destaque no edifício do Município, Departamento de Rendimentos.)

O público ouve um telefone a tocar. É respondido por um(a) operador(a)/recepcionista.

Operador: Boa tarde, Departamento de Rendimentos, como posso ajudá-la?

Voz: Boa tarde, por favor, passava-me para o gabinete do Sr. Choto.

Operador: Certamente, senhora. Posso saber quem está a chamar?

Voz: É a esposa dele.

Operador: Olá, Senhora Choto, não reconheci a sua voz.

Voz de Sally: Olá Anna, sim, sou eu, posso falar com o meu marido.

Operador: Com certeza, Senhora, vou passar-lhe o telefone para si.

Voz de Sally: Obrigada, Anna.

Sally: Nem sequer estás curioso para ouvir as boas notícias?
Operador: Muito gosto, Senhora. (Pausa) Tenho o Sr. Choto na linha. Faça favor.

Rwizi: Olá, Sally. Eu pensei que já estarias a caminho de casa.

Sally: Já vamos, mas Belinda está a demorar, tem o carro da família, então não há problema. Vamos sair em breve. Mas querido, tenho uma notícia muito boa e queria falar sobre isso e discuti-lo aqui e não lá em casa.

Rwizi não responde.

Sally: Não estás sequer curioso para ouvir a novidade?
Rwizi: Desculpa-me, estava um pouco distraído. Dá-me um segundo para eu livrar-me deste papel, precisa da minha assinatura antes de encerrarmos a loja por hoje.

Sally: Posso falar, e podes ouvir enquanto estás a fazer o teu trabalho, sei que a metade do tempo nunca ouves o que digo, seja como for.

Rwizi: Posso ouvir-te, diz lá.

Sally: Estávamos no jornal hoje.

Rwizi: Que jornal?

Sally: O *Herald*, claro, seu tolo. (ri-se)

Rwizi: Querida, quem é "nós"?

Sally: O nosso clube. O Salisbury African Ballroom Dancing Club.

Rwizi: Ah, mas o clube está sempre a publicar coisas nos anúncios, nos classificados ou na página da sociedade.
Sally: Mas hoje foi especial, publicaram os nomes dos finalistas regionais e, claro, tu e eu (Rwizi e Sally) fomos

mencionados pelo nome no *Herald* porque somos um dos casais finalistas.

Rwizi: Umm, que bom! Eu gosto disso.

Sally: Sabia que ias gostar, levo o jornal para casa para que possas vê-lo.

Rwizi: Tenho o Herald de hoje aqui no escritório, tenho estado ocupado...
Sally: Rwizi conheço-te, só lês as manchetes políticas e a secção de negócios, nunca lês os anúncios sociais e é por isso que me arranjaste. É o meu trabalho ser a tua secretária social. *(Risos leves novamente)*
Rwizi (risos): Ok, ok.

Sally (pretensiosamente): E fiz outra coisa por que me vais amar.

Rwizi: O que é?

Sally: Sei como tens procurado um lugar para o teu pai e disseste-me que não achavas nenhum. Bem, bem, ocupei-me com isso pessoalmente. Acontece que Mary Katatu é actualmente Matrona como eu em Plumtree. Mary e eu fomos para a escola de enfermagem juntas e é uma amiga muito, muito querida minha, embora não esteja em Salisbury, é por isso que não me ouves falar sobre ela. De qualquer forma, acontece que liguei para ela em Plumtree para ver se ela tinha alguma ideia de onde eu deveria procurar. Disse-lhe que precisávamos de uma boa casa para o teu pai, um lugar limpo e atencioso, com boas instalações médicas. Disse-lhe que o custo não era problema.

Rwizi ouve, quieto.

Sally: Rwizi, querido, estás a ouvir?

Rwizi: Sim, estou cá.

Sally: Bem, sabes que a ideia de um lar para idosos é nova
para os africanos neste país. Eu própria não sabia nada sobre
o assunto até essa altura, quando participei nessa digressão
pelo Reino Unido patrocinada pelo British Council. Foi aí que
aprendi que as pessoas civilizadas, como os europeus,
colocam os seus idosos em lares onde podem estar juntos
com outros idosos. Lá no Reino Unido, têm alguns dos
lugares mais agradáveis para colocarem os seus idosos. Aqui é
um fardo para nós, que se procura uma maneira primitiva de
fazer as coisas, mas essa é uma maneira típica africana de
pensar. De qualquer forma,tens razão, não há lugares. Não
serás capaz de encontrar um lugar para o teu pai por aqui por
causa da guerra. Agora temos pessoas que fugiram das aldeias
mesmo dormindo nas calçadas em frente das lojas. É pena
mesmo.

Rwizi: É o que eu disse, certo? Não há lugares para o meu pai
por aqui.

Sally: Então, falei com Mary e sabes o quê? O hospital onde
ela é matrona responsável tem uma instalação para idosos.
Como em todos os outros lugares, o lugar está cheio, mas
Maria é minha amiga. Concordou em disponibilizar uma
cama para o o teu pai. Ela disse que está limpo, tranquilo e a
grande coisa é que a própria Mary e a sua equipa de
enfermagem, supervisionam as necessidades médicas dos
idosos na casa. Enão, não é maravilhoso? Sei que me vais
agradecer por isso.

Rwizi: Sally, Plumtree fica a 300 milhas de distância. Isso é
mais de 6 horas de carro daqui.

Sally: Querido, o nosso carro é um dos melhores carros na estrada na Rodésia hoje.O nosso Datsun 120Y pode levar-te rapida e directamente para Plumtree como um avião a jacto. Adoras conduzir, é por isso mesmo que comprámos o Datsun, lembras-te?

Rwizi: Querida, é longe demais. O meu pai é um velho doente.

Sally: Mais uma razão por que deveria estar num lugar onde há equipa médica de permanência 24 horas por dia, 7 dias por semana.

Silêncio.

Uma voz do lado de Sally grita: *Sally, Senhora Choto, a sua carruagem está à espera para a levar ao seu palácio. (Risos).*

Sally: Rwizi, estás aí?

Rwizi: Sim, estou aqui. (respira fundo).

Sally: Mary está a fazer-nos um grande favor. Tenho de lhe dizer de uma forma ou de outra. Pensei que ficarias grato e tão animado quanto eu por termos encontrado para o teu pai um lugar decente para viver. De qualquer forma, as finais da competição de dança de salão realizam-se em 3 semanas. Tenho de pôr a casa em ordem, o que não posso fazer enquanto a questão do o teu pai não estiver resolvida. Então, é melhor seguires outros planos, se não quiseres a ajuda da minha amiga. Adeus, querido, vemo-nos em casa.

Rwizi: Ok, até lá. Adeus.

Clique. Corta-se a linha.

FECHA-SE A CORTINA

ACTO QUATRO

Início da noite em Casa dos Choto

A cortina abre-se na sala de estar/jantar da família Choto. No gira-discos ouve-se uma canção de Elvis Pressley, "Love Me Tender".
Rwizi e Sally estão sentados juntos, a beber coquetéis. João está no chão em frente ao avô com um lápis de cera nas mãos, desenhando em papel de arte.

Sally olha para o relógio e levanta-se e vai abrir a porta.

> Sally: Belinda deve chegar a qualquer minuto agora, vamos colocar um pouco de ar fresco na casa.

> Rwizi: Sam vem também?

> Sally: Não sei , mas vai deixá-la aqui.

> João: Sim, sim, a Tia Bee está a chegar. Ela sempre me traz doces.

> Sally: Ok, João, não me importo que ela te dê doces, mas não quero que peças doces a ninguém.

> João: Sim, mãe.

Há um som de um carro a parar na estrada em frente à casa. Ouvimos vozes vindas do carro. Então, na porta, aparece Belinda, amiga de Sally. É uma mulher atraente e bem vestida, da mesma idade de Sally; atrás dela, está SAM, o marido de Belinda. É um homem alto e igualmente bonito que está com pressa.

> Sally: Chegaste na hora certa, Bee.

> Belinda: Estou sempre a tempo, ao contrário de algumas pessoas que conheço.

> Sally: É isso que eu gosto em ti, és pontual como os brancos.

Belinda: Não comeces com disparates "os brancos são grandes".

Riem-se juntas quando Belinda pousa a bolsa e encontra uma cadeira.
Sam entra na casa atrás de sua esposa e senta-se ao lado dela.
Juntam as mãos e batem as palmas respeitosamente enquanto Belinda cumprimenta o pai de Rwizi, Majasi.

Belinda: Avô Mupamombe, como está? Há algum tempo que não o vemos.

Majasi devolve a saudação, batendo palmas.

Majasi: Estou bem, feliz em vê-la também.

Belinda: João, não estás feliz em ver a Tia Bee e o Tio Sam?

João: Fico feliz em te ver, Tia Bee. Queres ver o que eu desenhei para o avô?

Belinda: Claro, quero ver os desenhos do meu sobrinho favorito.

Sam: Apenas apareci para dizer olá. Volto; tenho que correr para a loja.

Sally (brincando): Tudo bem, não precisamos de ti. Só queremos a Belinda.

Todos riem-se quando Sam se levanta para ir embora.

Sam (*rindo-se bem-humorado*): Bem, aqui está ela. Tenho de correr. Rwizi vou vê-lo, guarda-me um pouco desse uísque escocês.

Sam sai.

Rwizi: Eu espero-o. Tenho um pouco de scotch para beber com esse homem.

Belinda: Tenho certeza que vai precisar. A loja não está a andar bem.

Rwizi: A sério? O que é que se passa?

Belinda: É sábado, a loja deveria estar movimentada, então foi lá por hábito para ajudar, mas não é realmente necessário. Vais vê-lo depois de ele fechar. Ele dir-te-á.

Rwizi: Então é assim tão mal?

Belinda: Neste momento, o negócio está praticamente morto. As pessoas não têm dinheiro. Estão a perder os empregos com a guerra e as sanções. Mas olha, dá-me a bebida que me fez vir aqui.

Rwizi prepara-lhe uma bebida.

Rwizi: Gin e tónica, o de sempre, não é?

Belinda: Claro...

Sally: Bee, experimenta vodka e sumo de arando. É delicioso.

Belinda (risos): Só depois de o gin ter matado as minhas papilas gustativas, é que posso beber qualquer coisa que seja.

A música de Elvis Presley continua a tocar no sistema estéreo.

Belinda: Sally, por favoooor! Dá-nos alguma música *soul* da colecção de Rwizi, sei que ele tem - Otis Redding, ou Wilson Pickett ou Percy Sledge.

Sally: Elvis é o rei do rock and roll, sabes que amo Elvis.

Belinda: Pobre de Rwizi, ela obriga-te a ouvir Elvis Presley o dia todo.

Rwizi (risos): É uma doença que a minha esposa tem.

Sally (rindo): Rwizi, sabes que amas Elvis.

Belinda: Porque o obrigas.

Enquanto Belinda fala, ela pega na sua bolsa e encontra o que procura.

Belinda: Toma, João, aqui está um mimo para ti e algo para o avô. Os teus biscoitos favoritos, Eat One Now.

João: Obrigado, obrigado, Tia Bee. Eu sabia que me trarias doces.

Belinda: E aqui está outra coisa para o avô. (*Belinda dá um chapéu a João.*) Dá ao Avô o seu novo chapéu também.

Majasi: umm... meus antepassados. Não acredito nisto. Não estava à espera disso, Tia Bee.

Majasi bate palmas em agradecimento.

Majasi: Ah obrigado, masibanda (o totem dela). Gosto dos biscoitos Eat One Now. Vou usar o chapéu quando sair; está quente ultimamente. Muito obrigado. Eu precisava deste chapéu. Mas vou comer os biscoitos amanhã, acho que tenho problema de estômago.

Belinda: Ah avô, também pareces um pouco ofegante? O que se passa?

Majasi: Estou apenas cansado. Ficarei bem depois de me deitar.

João: O avô não brincou comigo hoje, estava cansado.

Majasi: Estarei bem em breve. Nós, velhos, só precisamos de um pouco de descanso, só isso.

Belinda: Sally, o avô não lhe parece doente? Tiraste a temperatura dele?

Sally: Tenho certeza que vai ficar bem. Está apenas cansado, como disse.

Belinda: Tem termómetro em casa?

Sally: Não, o João pisou nele e quebrou-o da última vez que usei com ele.

Belinda baixa a bebida e aproxima-se de Majasi.

Belinda: Avô, deixe-me sentir a sua temperatura?

Majasi: Faça favor, quando uma enfermeira-chefe como você fala, devo ouvir.

Belinda coloca os dedos na cabeça de Majasi para sentir a temperatura dele.

Belinda: Está um pouco quente, estava com medo que tivesse febre ou algo assim, deve haver um vírus por aí hoje em dia, sabe.

Rwizi: Então acha que ele pode ter algum tipo de gripe.

Belinda: Não sei. Avô, como está o seu movimento intestinal?

Majasi: Não é bom. Posso estar com prisão do ventre.

Belinda: Sally, Não sei, o que acha? Eu acho que uma boa dose de leite de magnésia pode ajudar o avô.

Sally: um não temos nenhum em casa.

Rwizi: Embora seja domingo amanhã, a farmácia estará aberta. Vou arranjar-lhe algum.

Belinda: Avô, quando receber o leite de magnésia, tome uma dose dupla e coma alguns legumes que irão ajudá-lo a se tornar regular.

João: Avô, pode comer os meus legumes. Não os quero.

Todos riem-se.

Belinda: Não, João, come os teus próprios legumes, senão ficas doente como o avô.

Sally: João, ouve a Tia Bee, senão não há mais doces.

João: Sim, mãe.

Belinda regressa ao seu lugar.

Majasi: Obrigado, Tia Bee. Acho que vou me deitar agora.
Belinda: Vai ficar bem, avô, basta tomar o remédio e não deixe de sair para passear e apanhar um pouco de ar fresco durante o dia.

João: Eu ando com o avô.

Belinda: Bom rapaz. É por isso que a Tia Bee gosta de ti, João, cuidas do avô.

João: O avô é o meu melhor amigo.

Belinda: A sério? Só por isso ganhas mais doces na próxima vez que eu vier.

Rwizi levanta-se.

Rwizi: Pai, precisa de ajuda para se levantar?

Majasi: Não, não, estou bem.

Rwizi: João, vamos tratar da cama do avô.

Rwizi, João e Majasi saem da sala.

Belinda: Sally, é uma boa coisa que tu e Rwizi estão a fazer cuidando do velho. É realmente um tipo especial. Uma alma gentil.

Sally (*com indiferença*): Ah, cuidamos muito bem dele.

Belinda: E é muito bom para João ter o avô em casa. Como eu gostaria que o meu pai ou o pai de Sam morassem em nossa casa como têm o avô aqui. Os meus dois meninos teriam outra pessoa com quem se relacionar, como fazemos na aldeia. Os avós são mais acessíveis do que o próprio pai e a própria mãe.

Sally: Não saberia, nunca tive nenhum.

Belinda: Eu tive e isso me fez muito bem. Acredite em mim, mesmo que não vejas agora, o pequeno João vai ser um homem melhor por o seu avô estar ao seu redor.

Sally: Não me preocuparia com o futuro de João assim, nós o enviamos para a melhor escola europeia na Rodésia. Vão ensiná-lo a ser um homem melhor.

Belinda: Lá vens de novo com a tua obsessão europeia. O teu filho precisa da cultura africana para saber o que é "*hunhu*", "*ubuntu*" (humanidade para com os outros).

Sally: Os europeus podem ensinar-lhe isso.

Belinda: Os europeus não podem ensinar nada ao teu filho a não ser ser europeu.

Sally: É exactamente o que eu dizia. O meu filho vai ser europeu.

Belinda: Eu desisto. És um caso desesperador. Deixa-me tomar outra bebida.

Rwizi retorna à sala.

Rwizi (*risos*): Obrigado, Bee. O pai parece já estar a se sentir melhor.

Belinda: Os idosos precisam de ser vigiados porque, às vezes, se esquecem de fazer coisas simples, como beber água. O que é muito importante.

Sally entra na conversa.

Sally: Bee, eu disse-te que figurámos no Herald?

Belinda (*rindo*): Quantas vezes vais me dizer, Sally?

Sally: Estás a rir-te agora, não te vais rir quando Rwizi e eu formos coroados o rei e a rainha dos Campeões de Dança de Salão Clássica da Rodésia.

Belinda (risos): Podes ficar com a tua dança de salão, nós outros não somos nativos de alta classe como tu.

Rwizi junta-se a Belinda, rindo.

Sally: Podes rir como quiseres. Nós, os nativos de alta classe, como nos chamam, estamos nos jornais e tu não.

Belinda: Quem se importa em estar no jornal?

Sally: Eu. As pessoas sabem quem sou.

Belinda: Sally, às vezes acho que não tens tudo certo lá em cima.

Belinda vira-se para Rwizi.

Belinda: Rwizi, por favor, coloca um pouco desse fantástico Wilson Pickett. Eu tenho vontade de dançar.

Sally: Por que não colocamos a música de valsa de Beethoven para praticarmos?

Belinda e Rwizi *(juntos)*: Não, não, não, nada de música de salão, por favor.

Sally: Vocês os dois são uns bárbaros, não têm cultura.

Belinda: Vai embora com essas coisas bárbaras, arrastei Sam para entrar no clube de dança de salão comigo por tua causa, mas sou africana. Amamos a música *soul!*

Sally: Rwizi, sabes o que essa mulher africana ignorante está a chamar-nos porque somos sofisticados?

Rwizi: O quê?

Sally: Nativos de alta classe, é assim que ela está a chamar-nos.

Rwizi ri-se:

FECHA-SE A CORTINA

NATIVOS DE ALTA CLASSE
Bailarinos de Salão & Tocadores de Mbira

ACTO
CINCO

TOCA-SE A MÚSICA *MBIRA*

Início da mesma noite em casa dos Mlambo.

Quando a cortina se abre, estamos no mesmo bairro de Beatrice Cottages na casa dos Mlambo, que é semelhante à residência de Choto. Como antes, a casa está escassamente mobilada. A cena abre-se na mesma sala de estar. Há sofás ao longo da parede, uma mesa de centro e um aparelho de som num dos cantos.
Há baterias, guitarras, mbiras e microfones nas bancadas espalhadas.
Chamu e Muchazo estão a meio de uma triste canção tradicional mbira .
André bate na porta e entra na sala. Acenam para ele se juntar à música. André pega num mbira e junta-se. Tal como antes, André acaba por ser o protagonista nas músicas que tocam. Finalmente, eles param de tocar.

André: Amigos, tocar *mbira* convosco é óptimo, mas caminhar de Matapi Hostels para Beatrice Cottages não é brincadeira. Preciso de tempo para descansar.

Muchazo: André, temos duas horas antes de a reunião começar e o *bhira* é muito mais tarde, então fica tranquilo. Podes até tirar uma soneca num desses sofás.

Chamu: Bem, meu irmão, pelo que ouço de Muchazo, os teus problemas de alojamento podem ter acabado.

André: A sério?

Muchazo: Talvez.

André: Talvez o quê? Por favor, diz-me.

Muchazo: Talvez gostes, talvez não.

André: Muchazo, estou no ponto em que qualquer coisa é melhor do que tenho agora, porque, honestamente, agora não tenho nada.

Muchazo: Não digas isso. Tens a mim.

André: Ah, desculpa-me, não quis dizer assim. Mas sabes o que quero dizer. Estou desesperado.

Muchazo: Aqui está o que temos. O meu tio, que é dono da linha de autocarros Tayenda, tem um filho de 14 anos que estava no internato em Derera Mission, em Nhowe. Conhece a escola?

André: Claro, sei que a escola não está muito longe da minha antiga escola.

Muchazo: A escola está fechada. Houve muitas batalhas mortais travadas dentro e ao redor daquela zona entre os meninos e o Exército da Rodésia, os administradores da escola temem que seja apenas uma questão de tempo até que se tornem reféns de ambos os lados.

André: Para onde vais com isso?

Muchazo: Paciência, querido.

Chamu (imitando Muchazo): Paciência, querido.

André: Ok, o meu nome é paciência.

Todos se riem.

Muchazo: De qualquer forma, o filho do meu tio frequentava essa escola.

André: Em que classe ele estava?

Muchazo: No segundo ano da secundária. Ele deveria terminar

este ano e ir para a escola secundária Goromonzi ou St Ignatius para o terceiro, no próximo ano.

André: Não importa quanto dinheiro se tenha; Não são escolas fáceis de entrar.

Muchazo: O que nos leva à questão do seu alojamento.

André: A sério? Como?

Muchazo: O meu tio passou pela casa anteontem. Ouvi-o a falar com a minha mãe, a sua irmã, a contar-lhe a situação com o seu filho Ambrose. Ele não sabe o que fazer.

Chamu: O tio saiu-se bem nos muitos negócios deles, mas mal terminou a escola primária.

Muchazo: O tio é inteligente e é por isso que é um empresário muito bem-sucedido, mas a escola não é a coisa dele.

André: Eu ainda não estou a entender o que isso tem a ver com a minha solução de alojamento.

Muchazo: O tio está determinado a que o seu filho continue com a sua educação do segundo. Ele quer que Ambrose faça os exames do segundo em Novembro, apesar de a escola estar fechada. A propósito, sei que o menino, Ambrose, é tão inteligente quanto o teu pai, sem essa interrupção causada pela guerra, tenho certeza de que ele seria aprovado nos exames do segundo com distinção.

André: Ok, continua.

Muchazo: O tio confia em mim. Acha que sou uma boa menina e uma boa influência para o Ambrose.

Chamu (risos): Isso é discutível, mas quem está a debater qualquer coisa hoje em dia de guerra.

Muchazo: Sai daqui, Chamu. Sou mesmo uma boa menina.

André: E inteligente também.

Muchazo: Isso.

André: Chamu, por favor, deixa de interromper!

Chamu: Ok. Ok.

Muchazo: De qualquer forma, sugeri que Ambrose continuasse a educação com um professor particular internamente. Eu também disse-lhe que conhecia um tipo em quem confio que tinha terminado e passado o quarto ano com notas excepcionais em Matemática e Ciências.

André (curvando os ombros com um sorriso no rosto): Seria o Sr. André Choto, se não me enganasse.

Chamu: Não estás enganado, bom amigo. Muchazo perguntou-me sobre isso antes de apresentar a ideia ao tio, e disse-lhe que era uma ideia brilhante. Matar dois coelhos de uma cajada só.

André *(risos)*: Não sou coelho e não vou permitir que ninguém me mate.

Muchazo: Chamu é mestiço com a sua linguagem como de costume. Mas é verdade, discutimos e ele encorajou-me a fazê-lo.

André: Obrigado, amigo! Então, o que disse o teu tio?

Muchazo: Quer conhecer-te. Mas há apenas um problema. Embora os aposentos dos criados estejam vagos, estão reservados para o seu jardineiro Então, também está à procura de alguém para cuidar das suas flores e da relva. Podes conseguir o trabalho de tutoria, mas não podes ter o alojamento, porque é para o jardineiro residente.

André: Não me importo. Posso servir de jardineiro. Cresci a cuidar das plantas. Uma flor e um relvado não passam de relva para mim. Serei jardineiro. Não quero saber.

Muchazo: A sério? Ok, então se não estiveres ocupado, (sarcasticamente) amanhã, mas se a tua agenda estiver cheia, sempre podes acomodá-lo com uma reunião daqui a duas semanas. (Ela ri-se).

André: Polícia ou não, soldados ou não na estrada esta noite vou encontrá-lo em qualquer lugar. Onde ele mora?

Chamu: Em Marimba Park.

André: Marimba Park? É ali onde vivem os africanos riquíssimos. Ouvi dizer que têm mais dinheiro lá do que aqui em Beatrice Cottages; é claro que a minha cunhada, Sally, não concordaria com essa afirmação.

Chamu: Tem razão, amigo. Estive em Marimba Park, mas tens que ver por ti próprio.

Muchazo: Se ele gosta de ti, podes mudar-te para lá, a qualquer momento, acho eu. Os aposentos do empregado têm quartos e uma cozinha.

André: Quero que o pai viva comigo. Quero os aposentos dos criados. Isso seria óptimo.

Muchazo: Muito bem, está resolvido. Telefonar-lhe-ei amanhã e marcarei a vossa reunião.

Chamu: Ei, chega de coisas de amor. Agora vamos tratar do nosso problema.

André: Que problema?

Chamu: Tu, eu e Muchazo é a única banda que temos.

André: O que aconteceu com Maxwell, Ticha, Tinotenda e Zodwa? Achava que estava tudo a correr bem. Foi por isso que me juntei à banda.

Chamu: Foram-se embora.

André: Quer dizer que se foram embora, mesmo? Isto é, saltaram a fronteira para Moçambique?

Chamu: Sim, meu irmão.

André: Uau. Mas não estou zangado com eles. Se eu pudesse, também o faria. Esta treta da Rodésia Ian Smith tem de acabar. É a nossa geração que deve fazer algo para acabar com isto. Se a nossa geração não o fizer, então quem o fará? Os nossos mais velhos são demasiado velhos para isso.
Chamu: Franz Fanon disse que cada geração deve encontrar o seu propósito e cumpri-lo ou traí-lo. Estamos nesse ponto, meu irmão. Eu sei o meu propósito. Decidi não atravessar a fronteira. Não vou à Zâmbia ou a Moçambique para me juntar a Zanla ou Zipra. Algo me diz que a banda Zi-*Mbira* é o meu papel nesta luta com os brancos até à morte. A minha música *mbira* , por mais comum que seja, serve um propósito. A luta pelo Zimbabwe é a música *mbira* . Conduzirá o nosso povo à

vitória. A música *mbira* lembra aos espíritos dos nossos antepassados para não nos esquecerem, chama-os a descer e a conduzir-nos à vitória como fez Mbuya Nehanda. Quero ser advogado. Quero estar no tribunal a defender o meu povo. Eu sei que, de alguma forma, isso vai acontecer se continuarmos a tocar a nossa música *mbira*. Se não puder ser advogado na Rodésia, serei advogado no Zimbabwe. Prestem atenção ao que vos digo.

André: Estou contigo nisso, Chamu. Foi-nos dado o dom de tocar *mbira* como fazemos, com um propósito. Mas diga-me isto: os rapazes e raparigas que saem para se juntarem aos combatentes pela liberdade não transmitem o facto. Então, como se sabe que saltaram, de facto, a fronteira?

Muchazo (*olhos enevoados*): Zodwa e eu somos como irmãs. Ela sabia que eu estaria preocupada, então deixou-me um pequeno recado a dizer-me para não me preocupar. Mas estou preocupada, podem estar em Botsuana agora ou na Zâmbia ou Moçambique. Ninguém sabe. Por tudo o que sei, poderiam estar em alguma cela a ser torturados pelos soldados da Rodésia agora. (*Ela está a chorar*).

André: Tenho certeza que onde quer que estejam, estão seguros, porque eu nunca ouvi falar de alguém sendo preso por pensar o que está a pensar. Não andam por aí com cartazes na testa a anunciar que vamos a Moçambique para voltar e ser terroristas.

Chamu: André, os nossos problemas de banda não são apenas isso.

Chamu vira-se para Muchazo.

Chamu: Muchazo, poderias muito bem dizer-lhe o resto.

Muchazo pega no bolso e entrega uma carta a André.
André olha para a carta e exclama.

André: É do British Council!

André lê a carta em silêncio enquanto Chamu e Muchazo
olham para ele.
André termina de ler a carta e devolve-a a Muchazo.

André: Uau, conseguiste a bolsa de estudos para ir para a
Inglaterra estudar enfermagem.

Chamu: É empolgante, não é? A bolsa paga a passagem aérea,
a mensalidade e o alojamento e a alimentação.

Muchazo: Ainda não me vou embora. Ainda tenho de pedir
um passaporte que o governo pode me negar.

Muchazo toma André nos braços.

Muchazo: Estás bem?

André: Sim, sim, estou bem. Só que quando pensei que a
minha sorte estava a começar a mudar tudo não é o que era,
nada está lá.

Muchazo: Não sou nada?

André: Claro, és tudo para mim.

Muchazo: Então, por que o rosto abatido?

André: Estava animado porque pensei que estaríamos todos
juntos. A Banda Zi-*Mbira* , mas todos os membros da banda
foram-se embora. Pensei que eu te tinha a ti, mas estás a ir
para a Inglaterra.

Muchazo: Mas André, pensei que a coisa mais importante para ti era conseguires um emprego e poderes ter o teu pai a morar contigo?

André: Ainda. Mas…

Muchazo: Mas o quê? Resolvi para ti. O meu tio vai dar-te o emprego e caberá a ti tomar um quarto na casa dele ou o quarto do empregado de 2 quartos nas traseiras. Vais ganhar um salário.

André: Mas não estarás aqui.

Muchazo: Não sabes que existe uma coisa chamada de correio aéreo? Vamos escrever-nos um ao outro.

Chamu: André, meu irmão. A música *mbira* não requer um zilhão de pessoas para estar na banda. Não te preocupes. Esta música pertence aos antepassados. Dar-nos-ão novos membros da banda. Membros da banda, os nossos antepassados escolheram não aqueles que escolhemos. Deixe a tua namorada ir para a Inglaterra apaixonada por ti. Conheço Muchazo desde que era uma menina na nossa rua. É uma pessoa séria. Sê feliz por ela e por ti próprio. Estou a dizer-vos; isto vai funcionar bem para ambos.

André e Muchazo voltam a abraçar-se.

FECHAM-SE AS CORTINAS

ACTO
SEIS

<u>Cena 1</u>

Em Casa dos Choto - Alguns dias depois – à noite

Quando a cortina se abre, a Valsa de Beethoven em E-Flat Major está a tocar.

Rwizi e Sally estão na sala de estar a dançar uma valsa seguida de um disco de música clássica de foxtrot. Estão vestidos com trajes de dança de salão, Sally num vestido de baile e fraques para Rwizi.

Sally: Querido, muda o disco. Vamos praticar o *foxtrot* novamente. Continuamos a pisar nos pés um do outro na curva esquerda.

Rwizi: Sally, estou cansado. Estamos a ensaiar há mais de uma hora desde que o pai e João foram para a cama.

Sally: Eu gosto quando estamos vestidos para o ensaio, parece a coisa real.

Rwizi: Mas estou cansado. Trabalhei o dia inteiro; não sabia que estava a voltar para casa para esta provação.

Sally: Oww queridinho, por favor, não é uma provação. Bem sei que amas a dança de salão tanto quanto eu, e vais agradecer-me por esta 'provação' como a chamas quando formos coroados rei e rainha da competição. A prática leva à perfeição.

Rwizi: A prática cansa! Ok, pelo menos deixe-me tomar uma bebida.

Sally: Faz-me uma também. Vou à casa de banho. Volto já.
Rwizi está a preparar bebidas quando há uma batida na porta.
Rwizi vai até a porta e encontra uma idosa. Eles falam em Shona.

Rwizi: Boa noite, como posso ajudá-la?

Velha: Boa noite. É esta a casa onde vive a enfermeira de Mutoko?

Rwizi: Sim.

Velha: Eu sou a tia dela; Vim visitá-la.

Rwizi: Por favor, entre.

A velha entra e senta-se no chão ao lado da porta. Ela tem uma trouxa de roupas ao seu lado.

Sally volta à sala vinda da casa de banho. Ela endurece quando percebe a mulher sentada no chão.

Velha (em Shona): Boa noite.

Sally (em Inglês): Boa noite.

Sally vira -se e chama Rwizi para irem ao quarto.

(As luzes apagam-se)

(Ilumina-se no quarto)

Sally: Aquela mulher na sala de estar, é um dos teus inúmeros familiares?

Rwizi: Não.

Sally: É engraçado, Benjani nunca fez isso antes. Quando o contratámos, disse-lhe, nenhum familiar aqui. É pena, mas vou ter que o demitir. Regras são regras. Está a esquecer-se do seu lugar.

Rwizi: Aquela mulher não veio aqui por Benjani. Veio aqui por ti.

Sally: Eu? O que quereria comigo?

Rwizi: Diz que é uma familiar tua.

Sally ri-se.

Sally: Eu? Uma familiar minha? Deves estar a brincar.

Ela ri-se novamente.

As luzes seguem-nos até à sala de estar e ambos sentam-se.

Sally: O meu marido diz-me que está aqui por mim. Acredito que nunca nos conhecemos.

A velha enfia as franjas da saia debaixo das pernas. Está claramente desconfortável.

Sally: Conhecemo-nos?

Velha (em Shona): Hein, hein. Já percorri um longo caminho, minha filha. Três meses atrás, tomámos uma bebida de cerveja na nossa aldeia em Dande. Estávamos a arrecadar dinheiro para a cultura de milho da próxima temporada. Como sabem, os guerrilheiros, refiro-me aos combatentes pela liberdade, vivem entre nós. Não nos incomodam, mas os soldados do Exército da Rodésia, eles é que são o problema. Vieram para a nossa bebida de cerveja e atacaram, mas os guerrilheiros estavam prontos para eles. Todos os soldados foram mortos no local. Na manhã seguinte, o pássaro *tiyo-tiyo* (avião observador) veio seguido por outro. Bombardearam toda a aldeia com fogo e napalm. Não sei se sabe o que é napalm, mas queima a pele. Alguns de nós morreram, mas outros tiveram sorte. Fugimos para a escola missionária. O gentil director lá colocou-nos no camião da escola hoje e ajudou-nos a vir para Harare. Temos vivido em tendas na missão desde então.

Sally: Lamento muito ouvir isso, mas não respondeu à minha pergunta. Disse ao meu marido que somos familiares?

Velha (em Shona): Sim. Então, quando tive a oportunidade de deixar as tendas, vim para Harare. Chegámos quando o sol estava a pôr-se.

Sally: Disse que é minha familiar; não tenho familiares. Nenhuns familiares africanos, de qualquer jeito.

Velha: Não é filha de Verenika, filha do Samusoni, cujo totem é Shumba?

Sally: Quem?

Velha (em Shona): Há muito tempo, no quarto ano de seca, depois dos cupins, nasceu, não tinha comida na terra naqueles dias e só tínhamos esmolas do governo, a sua mãe e eu éramos irmãs, sou a irmã mais velha da sua mãe, sou a sua tia Sophia.

Sally: E qual é o meu nome?

Velha (em Shona): Nunca ouvi ninguém referir-se a si pelo nome, mas a velha que trabalhava para o Doutor Cederic disse-me onde vivia.

Sally: Nem sabe o meu nome. No entanto, diz que é a irmã mais velha da minha mãe. E ousa entrar na minha casa e sentar-se aí e dizer-me que sou a sua sobrinha? Onde estava quando não tinha nenhum familiar? Onde nasci? Por que não menciona isso, já que está tão bem informada sobre mim? Vá lá, diga-nos: onde nasci? Onde cresci?

Velha: Não sei.

Sally: Ah, sim, sabe. A verdade da minha miserável história de vida não vai incomodar o meu marido; ele sabe tudo sobre isso. Diga-nos que sabe que nasci debaixo de um arbusto na floresta como um animal selvagem. Vá me contar tudo sobre isso. Conte-me sobre como todos levaram a minha mãe para a escuridão da noite para viver como um animal selvagem e sacrificaram uma vaca para apaziguar algum espírito demoníaco para pegar todos os seus problemas e carregá-los na minha mãe, para lhe trazer boa sorte e chuva. Conte-nos como todos os seus rituais e raízes foram lançados na cabeça da minha mãe. Se trouxe algum desse lixo para a minha casa, deixe-me dizer-lhe que não funciona.

Sally está de pé.

Sally (em Shona): Fora! Fora! Saia da minha casa, sua bruxa! Familiar? Eu? Sabe onde cresci? O único familiar que tenho é um missionário branco. Está a ouvir? Cresci num dormitório? Onde estavam, *KAFFIRS* , quando nasci? Familiar? Rua!

Rwizi: Tem calma, querida.

Sally: Não te enolvas nisso.

Velha: Eu vim com a esperança de que daria a uma velha, a sua tia, um lugar para fugir da guerra. Sou a irmã da sua mãe. As pessoas cometem erros.
Sally: Mulher, a minha paciência está mesmo a esgotar-se, eu disse-lhe para sair da minha casa.
Velha (em Shona, a chorar): O que eu poderia fazer? O meu

marido nunca teria aceitado outra boca para alimentar. Nasceu nos dias da fome. Ninguém sabia quem era o seu pai. A   sua mãe tentou se enforcar na árvore *msasa* três vezes antes de você nascer e nunca disse a mim ou a ninguém na aldeia por quê.

Sally (em Shona): Como se não soubesse, o seu pai era o meu pai. Agora saia da minha casa.

Velha (em Shona): Espíritos dos mortos. O quê? Pai? Para fazer isso?

Sally (em Shona): Finge como se não soubesse, mas sabia, assim como todos os outros na sua família sabiam. Eu fazia parte do seu ritual, não é por isso que eu e a minha mãe tivemos que viver na floresta longe de outras pessoas, hein ?

Velha (em Shona): Juro pelo túmulo da minha mãe, nunca soube disso. Como poderia?

Sally (em Inglês): Não me importo, Não a conheço. Não existe. Eu disse para sair.

Velha (em Shona): Eu viajei todo este caminho para me esconder da guerra. A nossa aldeia foi-se. Não conheço mais ninguém nesta grande cidade. Para onde irei?

Sally: Não me importo, deveria ter feito outro sacrifício na sua aldeia para parar a guerra, ou o que quer que seja, apenas saia, sua coisa imunda.

Velha: Em nome de Deus, peço-lhe.
Sally vai para a cozinha. Regressa com uma vassoura nas mãos.

Sally: Eu vou matá-la.

Rwizi salta do seu assento e pega a vassoura no ar.

Rwizi: Sally, acalma-te.

Ltam pela posse da vassoura. A velha levanta-se.

Velha (em Shona): Não, não! Vou-me embora, vou sair, mas sou a sua tia. Vou-me embora, embora não saiba para onde ir.

Sally: FORAaaaa! E leve os seus trapos imundos consigo, quaisquer raízes e maldades que trouxe para a minha casa não vão funcionar!!

Rwizi: Tudo bem, vou levá-la para Musika, para os autocarros.

Sally: Não no meu carro, não vais. Ela vai como se tivesse a vir de pés descalços.

A velha recolhe o seu embrulho e sai de casa na escuridão da noite, protestando.

Velha (em Shona): Não tenho raízes malignas.

Sally (em Shona) : Sim, tem mesmo, conheço-vos, *kaffirs* .

Ela bate a porta.
Ela fica imóvel por um tempo e suspira profundamente.

Rwizi: Não precisavas de ser tão dura com a velha.

Sally: O que sabes sobre ser duro com alguém? Já conheceste o medo da escuridão, sustos na noite? As pessoas fugiram de ti quando eras criança?

Rwizi: Mais uma razão por que deverias ter sido gentil com aquela velha. A tua infância deve tornar-te compassiva.

Sally: Compassiva, nem me digas! Aquela velha bruxa e a família dela sabiam que eu estava lá fora, mesmo quando a minha mãe estava a morrer, e fingiram que não existíamos. Percebes que, se não fosse o Dr. Cedrick, eu estaria morta de frio, sentada com o cadáver da minha mãe?

Rwizi: Entendo, mas é apenas uma mulher velha.
Sally: Aquela mulher dizia ser minha tia e não tua, então deixa de me atormentar.

Rwizi: Sim, querida.

Sally: O que me faz lembrar, sabes que o teu pai ensina bruxaria a João?

Rwizi: Bruxaria?

Sally: Sim, bruxaria. Levou João para a floresta para escavar algumas raízes, alegando que era remédio.

Rwizi: Mas isso não é feitiçaria. O pai é herbalista competente.

Sally: Tenho sido tão paciente mais do que qualquer um pode ser. Não interferi na tua relação com os teus familiares. Até te deixei acomodar o teu irmão na nossa casa como se fosse um restaurante. O teu pai está aqui há quase um ano, tentei o meu melhor por ti e que gratidão recebo? Os teus familiares ensinam o meu filho a falar vernáculo, o teu irmão suja a minha casa com o seu suor e o teu pai não se contenta apenas em fazer de meu filho um kaffir, mas um feiticeiro, para além disso.

Não, Rwizi. Já te disse antes e já o disse, vezes sem conta, tens de fazer uma escolha. Não vou permitir que a minha casa seja transformada numa aldeia, especialmente se eu viver nela. Dei-te tempo e esse tempo acabou.

Rwizi: Estou a tentar.

Sally: Não há nada que tentar além de fazer. Encontrei um

lugar para ti em Plumtree, é melhor levá-lo, então não tens desculpa.

Rwizi: Eu estou a...

Sally: Não vou discutir contigo; tudo o que sei é que a nossa final do campeonato de competição de dança realiza-se daqui a três semanas, se eu fosse tu, eu faria a coisa sensata agora do que tarde, porque terás que fazer isso nalgum momento.

FECHA-SE A CORTINA

ACTO
SETE

No Escritório de Rwizi - Duas semanas depois – à tarde

Rwizi está no seu escritório sentado atrás de uma mesa. O escritório está devidamente mobilado para o seu cargo.
Um porteiro bate à porta e entra no escritório.

Porteiro: Desculpe-me senhor, há um jovem na recepção que diz que é seu irmão, ele gostaria de o ver.

Rwizi: Ai é? Deixe-o entrar.

O porteiro sai.
Entra André.

Rwizi: Eh, Mupamombe, não te vejo há algum tempo.

André: Tenho andado a procura de emprego.

Rwizi: Sim. Eu sei que é difícil, então como tens estado?

André: Como se se importasse.

Rwizi: O que queres dizer - como se eu me importasse? O que estás a tentar dizer?

André: Nada que ainda não saibas.

Rwizi: Olha, estou ocupado. Não tenho tempo para este tipo de atitude. Diz o que vieste dizer, tenho trabalho para fazer.

André: Onde está o velho?

Rwizi: Oh pai?

André: Sim.

Rwizi: Acho que nunca te disse isso, mas a minha esposa e eu temos tido problemas próprios. Nada a ver contigo ou com o pai. Por isso, tudo tem estado tenso à volta da casa. Tu sabes? Sally tem um trabalho muito difícil - muita responsabilidade sendo matrona no Hospital de Harare e eu mesmo tenho todos estes problemas neste escritório.

André: Está a tentar explicar alguma coisa ou está apenas a confirmar o que Benjani me disse sobre eu comer na vossa casa?

Rwizi: O quê?

André: Benjani disse-me que não podia mais comer lá de acordo com as instruções da sua esposa.
Rwizi: Não dissemos isso. Sally apenas disse que você e João estavam a sujar a casa quando brincavam lá e sugeriu que comessem na varanda.

André: E o pai?

Rwizi: Não entende. Sally nunca disse nada sobre o pai comer em casa.

André: Enfim, não se preocupe, desde aquele dia, não fui à sua casa e não teria ido lá hoje a não ser para ver o meu pai.

Rwizi: Então, como tens vivido? Não queríamos que reagisses assim.

André: 'Irmão', águas passadas não movem moinhos e não é para isso que vim aqui. Benjani disse-me que levou o pai para casa. Onde fica a casa? A nossa aldeia foi reduzida a cinzas, então fiquei confuso. Para onde levou o pai?

Rwizi: É o que tenho tentado te dizer. Se pudéssemos ter resolvido alguma coisa, algum lugar para o pai ficar até eu resolver alguma coisa ou até o final da guerra, ou se tivéssemos um familiar aqui em Harare.

André: De que está a falar? De que familiar o pai precisa? Somos africanos, não somos? Não sei sobre outras culturas, mas na África, não há familiar mais relacionado a si do que um pai e um filho, do que uma irmã e um irmão do mesmo sangue. Isso significa, pai, você e eu. Somos familiares.

Rwizi: Mas também há a minha esposa e o meu filho. Se tivesses um emprego, poderias ter um lugar para o pai ficar.

André: Tenho um emprego, foi o que eu tinha ido dizer ao pai quando fui à sua preciosa casa hoje.

Rwizi: Um emprego? Parabéns. Eu sabia que poderias fazer isso. Rapaz, estou muito orgulhoso de ti. Nós, Mupamombes nascemos para o sucesso. Enquanto todo o mundo chora sobre a economia, a guerra e a escassez de empregos, simplesmente saíste e conseguiste um. Onde está o teu trabalho?

André: Trabalho em Marimba Park, não é muito, mas é um trabalho.

Rwizi: Marimba Park? O que faria uma pessoa com o teu nível de escolaridade em Marimba Park? És secretário pessoal de algum figurão, hein?

André: É um trabalho, onde posso comer e o pai pode morar comigo no kaya do criado.

Rwizi: Não, és uma pessoa educada, deves conseguir um bom lugar para alugar em Highfields.

André: Ei, ei, espera aá. Não posso pagar um lugar agradável em Highfields. Tudo o que queria era um pouco de comida no estômago e um lugar para o meu pai. Felizmente para ele e para mim, ainda há alguns africanos que têm mais dinheiro do que algumas pessoas que poderia mencionar e ainda acreditam nos valores africanos. Olha, o meu chefe africano não se importa que o meu pai ou você mesmo venham morar comigo. Ele sabe que a guerra nas aldeias é um mal necessário e sente pena dos seus. Então, onde está o pai, eu quero levá-lo ao meu chefe.

Rwizi: O pai não está aqui.

André: Eu sei disso, Benjani disse-me, lembra-se?

Rwizi: Estás a ver, não sabia que tinhas arranjado um emprego, então eu levei-o para um lugar em Plumtree.

André: Onde? Plumtree? Para fazer o quê em Plumtree?

Rwizi: Como disse, não sabia que tinhas um emprego, então levei-o para um lugar para idosos.

André: Você o quê?!

Rwizi: O que eu poderia fazer? Não sabia que tinhas um emprego.

André: Isso não tem nada a ver com nada. Rwizi,é um homem que tem medo de dirigir para Mhondoro que fica a   apenas cinquenta quilômetros daqui e, no entanto, teria a coragem de enfrentar bloqueios do exército e possíveis emboscadas para levar o seu pai para Plumtree e lançá-lo num lugar para idosos'?

André olha fixamente para Rwizi, que permanece calado.

André: Sabias que aquele homem é um homem doente? Como podia levar o seu próprio pai para um lugar desses? Que africano conhecemos, você e eu, com quem crescemos, que tem um pai num lar construído para negros estrangeiros, pessoas do Zaire ou do Malawi que não têm filhos aqui? Como podia abandonar o seu pai a mil quilómetros do nada?

Rwizi: Plumtree é apenas 300 milhas.

André: 3 milhas, 300 milhas, 3000 milhas qual é a diferença? Como podia, você é um homem cuja vida e educação foram pagas por tudo o que pai e mãe tinham. Atirar esse mesmo pai num poço de estranhos como se fosse um velho cobertor sujo? A sua esposa é que o persuadiu a fazer isso?

Rwizi: É apenas por pouco tempo. Fiz isso por ele. Lá estará com outros idosos da sua idade.

André (*quase gritando*): Pai? Velho? O pai é tão jovem quanto o teu filho João. Já os viu brincar juntos? Você? O nosso pai que poderia ter sido o chefe de todos os Mupamombes se o homem branco não tivesse tomado a nossa chefia e a dado aos Tsombes. Um homem que possuía um rebanho de setenta cabeças de gado antes de o homem branco o forçar a vendê-lo a fazendeiros brancos. Um homem que sacrificou e virou as costas a tudo para que o filho fosse o primeiro graduado na Reserva de Mhondoro e o primeiro a dirigir um carro sobre o rio Nyokandove. E todo esse sacrifício para quê, para viver a vida de um trabalhador africano destituído de Deus sabe onde? Você? Atirar o nosso pai numa cabana como um velho trabalhador agrícola inútil com o qual o homem branco acabou? Como podia fazer isso? Porquê? O nosso pai é rico, tem um filho que tem este grande escritório, uma casa de três quartos, tudo por que os outros tiveram de ir para a guerra. Hein?

Rwizi: Eu mesmo o levei até lá, não é tão mal, de qualquer modo é apenas por pouco tempo.

André grita.

André: Raios lhe partam!

Rwizi: Abaixe a voz, você vai chamar a atenção.

Andrew (**grita mais alto**): Esteja certo que sim! Quero que todos conheçam o verdadeiro Sr. Rwizi Choto, cujo pai vive num buraco coberto de plástico.

Rwizi: Isso não vai ajudar ninguém.

Andrew: Onde em Plumtree está o pai? Pretendo ir buscá-lo agora.

Rwizi: Isso é bom. Está no Plumtree Shelter for the Old, pergunte a qualquer pessoa quando chegares lá, irão direccioná-lo. Aqui está algum dinheiro para o autocarro.

André: Se não fosse o facto de eu não ter dinheiro próprio, não tocaria nisso. Esta é a última vez que aceitarei algo de si. Já não somos irmãos, irmão!

Ele bate a porta e sai.

FECHA-SE A CORTINA

Página em branco

NATIVOS DE ALTA CLASSE
Bailarinos de Salão & Tocadores de Mbira

ACTO
OITO

No Dia Seguinte – À tarde

PLUMTREE: André está sentado num tronco de árvore à beira de uma estrada. Há dois cartazes atrás de si – num lê-se, "Paragem" e, no outro, é um sinal com letras e uma grande seta direccional apontando com as palavras, "Plumtree Shelter For The Old" 500 metros. Ao seu lado está um saco de papel contendo algumas das roupas de Majasi e o chapéu que Belinda lhe deu. A conversa é em Shona.

André soluça alto.

Dois homens vestidos de uniformes de combate, com espingardas penduradas nos ombros, aproximam-se de André. Um dos homens carrega um pacote embrulhado num saco de papel pardo.

Homem 1: Hein, desculpe-me.

André levanta a cabeça e olha para os homens, os olhos inundados de lágrimas.

Homem 1: Com licença, você é o camarada de Harare, não é?

André: Sim.

Homem 1: A Matrona Mary Katatu, do hospital, falou-nos sobre o seu pai. Por favor, aceite as nossas condolências.

Um e depois o outro pegam-lhe a mão, apertando-a.

Homem 2: É triste. Nem sequer esteve cá por muito tempo.
Homem 1: Foi tão repentino; ainda não entendo.

André abana a cabeça.

Homem 2: Ouvimos dizer que a sua casa fica na Reserva de Mhondoro?

André desaba em lágrimas.

André: Sim.

Homem 1: Hein , tão longe, é triste para um velho morrer tão longe de casa.

Homem 2: Hein , foi tão repentino, e as enfermeiras disseram que pensavam que era apenas uma gripe.

Homem 1: Essa é a vida, camarada; nunca se sabe quando se vai.

André olha para o homem.

André: Ele não tinha que morrer aqui, assim. (Ele aponta para o saco de papel ao seu lado). Deixar a roupa dele num saco de papel. O meu pai não merecia isto.

Homem 1: Não há nada a fazer, camarada, estes são dias de fome e dificuldades. Hoje, os africanos não têm nada neste país. Tudo o que um africano tem e com que vive são as roupas no seu corpo e morre na mesma.

André: Não entendem que o meu pai não precisava de morrer (gagueja) ...de morrer assim.

Homem 1: Ouvimo-lo, camarada, é triste, hein , hein , fez algum arranjo para o enterro dele?

André: Não sei o que fazer. Mandaram o corpo para a casa mortuária, se não tivesse chegado na hora em que cheguei, não sei o que teriam feito. Vou voltar a Salisbury para contar ao meu irmão sobre a sua morte, tenho a certeza de que ficará feliz por [ele - o pai] estar morto.

Homem 2: Feliz?

André: Sim, feliz. O meu irmão trouxe-o aqui para morrer. Podia ter cuidado dele e dado o conforto que os nossos idosos merecem. Ele matou o meu pai. O meu irmão tem uma casa grande e um grande trabalho. O meu irmão é um homem rico. E foi isso que ele fez ao pai dele – a morte num abrigo como um indigente inútil.

André volta a soluçar.

Homem 2: Camarada, é um homem, a vida é assim e não há nada que possamos fazer a respeito.

André: Não sei.

Deixaram-no estar por algum tempo.

Homem 1: Camarada, suponho que não saiba quem somos.

André: Soldados?

Homem 1: Não, camarada; somos camaradas.

André: Guerrilha? Desculpe-me, mas as vossas fardas.

Homem 1: Nem sempre se consegue ver pela farda, camarada, às vezes usamos fardas, noutras vezes usamos roupas comuns.

André: Por favor, perdoem o meu erro.

Homem 2: Oh, camarada, não há nada a perdoar, viemos prestar-lhe as nossas condolências, lamentamos consigo pelo seu pai ; este abrigo encontra-se na nossa área operacional, cuidamos dos idosos nele, fornecemo-lhes alimentos, medicamentos e outras necessidades que recuperamos do governo Ian Smith. Nunca nenhum funcionário do governo veio aqui desde que entrámos nesta zona.

André: Não posso dizer-vos quão honrado estou, filhos do solo do Zimbabwe. Hein ! (suspira) A vossa presença aqui hoje não é uma coincidência. Que estejam aqui à sombra da morte do meu pai sinaliza o fim da minha jornada para vir juntar-me a vocês, nossos combatentes pela liberdade, lutando para libertar o nosso país. Lutei, orei e chorei aos espíritos dos nossos antepassados para encontrar um emprego para dar ao meu pai um travesseiro no qual descansar a cabeça cansada. Depois de muito tempo, fui abençoada, ouviram o meu choro angustiado e deram-me um emprego, não é muito, mas é um trabalho com dignidade, onde sou pago e cuido do meu pai. Um lugar para tirar a vida do meu pai do desrespeito e do abuso da minha cunhada. Ouvir o riso do fundo do coração chamando a minha mãe a dizer que estava tudo bem de novo. Mas tudo foi em vão, nunca tive a oportunidade de mostrar ao meu pai o emprego que consegui e a nova casa nos aposentos dos empregados da casa de outro rico. E agora foi-se, foi-se, longe da miséria, da vergonha e da desgraça que o filho dele lhe trouxe. Sim, o meu pai enviou-vos para me levar convosco. O espírito dele chamou-vos, meus irmãos, para se sentarem aqui comigo. Estou pronto, irei convosco.

Homem 1: Os espíritos trabalham assim, camarada; teremos todo o gosto em tê-lo a lutar pelo Zimbabwe connosco. A luta precisa de camaradas como a si.

André: Agradeço.

Homem 2: Mas, por enquanto, deve pensar no enterro do seu pai.

André: Eu mesmo poderia enterrá-lo aqui; não faria diferença para o meu irmão.

Homem 1: Vamos ajudá-lo a enterrá-lo.

André: Vão ajudar-me?

Homem 1: Claro. É o nosso dever honrado. Assim como você, também somos filhos do seu pai. Somos africanos.

Homem 2: A morte une os fortes, é um camarada forte.

André: Muito obrigado, agradeço.

Homem 1: Camarada, apesar de enterrar o seu pai aqui, gostaríamos de lhe pedir para ir a Salisbury, como pretendia.

André: Para Salisbury? Não tenho motivos para ir a Salisbury, quando disse que estava pronto para me juntar a vocês, eu quis dizer agora, eu quero ser como vocês. Para carregar as armas da revolução, como vocês, aqui e por toda a terra, quero arrastar-me no solo do nosso país e misturar-me com a sua negritude, cavando os sulcos da nossa liberdade, para honrar a morte da minha mãe e a vida que foi usurpada do meu pai. Quero estar na linha da frente. Não quero estar em Salisbury.

Homem 2: Fazer o caixão para enterrar o seu pai vai levar um dia, camarada. Temos um pacote que deve ser entregue a um homem em Salisbury.

André: Percebo, que tipo de pacote é?

Homem 1: Um pacote muito importante; levá-lo para Salisbury

seria a sua primeira grande vitória na luta contra Ian Smith. Não é um pacote comum que vai levar para Salisbury. É uma bomba.

André: Uma bomba?

Homem1: Sim, uma bomba.

Homem 2: Não é uma bomba grande. Mas se detonar em espaços restritos, os resultados são horríveis.

Homem 1: Tenho certeza de que já ouviu falar de bombas explodindo em Salisbury?

André: Sim, no sábado da semana passada, uma grande caixa postal foi explodida por uma bomba.

Homem 2: Só acontece nos fins de semana porque as pessoas estão fora do trabalho. O nosso trabalho de bomba não é feito durante a semana porque há pessoas inocentes a trabalhar na cidade durante a semana. Não queremos ferir pessoas inocentes no trabalho ou que de passagem. Mas, nos fins de semana, sim, essas pequenas bombas explodem em lugares diferentes. Envia-se uma mensagem de terror ao Governo da Rodésia, e é por isso que nos chamam de terroristas.

André: Hum, entendo. Então, como é que eu carregaria uma bomba? Não é perigoso?

Homem 1: Não, não é.

André: Sério?
Homem 1: Realmente. Simplesmente carregará o pacote e entregá-lo ao nosso contacto em Salisbury. Depois de regressar no próximo autocarro, vamos ajudá-lo a enterrar o

seu pai e depois acompanhá-lo até aos nossos acampamentos-base em Moçambique, onde será treinado.

Homem 2: Não tenha medo, ninguém saberá que carrega uma bomba. Já o fazemos há algum tempo. Tudo o que precisa de fazer é carregá-lo como eu estou a carregar. Veja que não há perigo. Mais importante - os fios não estão conectados. Mas devo ser honesto consigo, mesmo que os fios não estejam conectados, vai explodir se cair numa superfície dura.

Homem 1: Podia fazer isso?

André: Sim, e se eu fosse para Salisbury, eu poderia muito bem ir e contar ao meu irmão da morte do nosso pai. Vou arrasá-lo com a notícia. Quero ver o olhar no rosto da sua esposa quando eu cuspir nele.

Homen 1: O autocarro que vai apanhar chegará em Salisbury à noite, então não poderá entregar o pacote até amanhã de manhã.

André: Onde o devo levar?

Man Homen: Vai levá-lo para o número 25 Msasa Close em National Township, sabe onde fica?

André: Eu sei onde fica Msasa Close. Sim, posso encontrá-lo.

Homem 1: A pessoa que procura tem uma cicatriz na testa, no lado esquerdo. O nome dele é Tapera, está à espera disso. Entende?

André: Sim, vou dar a Tapera no número 25 Msasa Close no Nacional.

Homem 1: Obrigado. Enquanto isso, faremos o caixão para o enterro do seu pai enquanto estiver ausente. Não se preocupe mais com isso.

André: Muito obrigado, filhos da terra.

FECHA-SE A CORTINA

ACTO
NOVE

<u>Cena 1</u>

Em Casa dos Choto na mesma noite

Quando a cortina se abre, ouve-se tocar a música funk.
Há uma festa em curso. A casa está cheia de convidados. Brancos, índios, mestiços
e africanos. A música é alta. Há dança no chão limpo da sala de estar. Alguns
dos convidados e os seus anfitriões, Sally e Rwizi, tinham tido muito para beber.
Todos estão vestidos de trajes formais de dança de salão, incluindo Belinda, o seu
marido Sam e João, que se misturam com os convidados a dançar e a beber. Benjani
está vestido no seu uniforme. Ao longo desta cena, ele estará a andar pela sala
recolhendo os copos e garrafas vazios.
À medida que a cortina se levanta, a dança continua por um curto período de tempo,
o disco termina. Um fotógrafo está a tirar fotos.

O Mestre de Cerimónia, um homem africano, James Goto, segurando um troféu
banhado de ouro brilhante, pede silêncio.

> Goto: Senhoras e Senhores , permitam-me que tenha a vossa atenção, por favor.

(Há uma certa dose de silêncio)

> Goto: Do jeito como as coisas estão a correr, vão continuar assim toda a noite, então, por favor, permitam-me um momento para pedir ao nosso convidado de honra, Sr. Simon McIntyre, propor um brinde e entregar o troféu aos nossos campeões de dança de salão da Rodésia de 1977, os nossos anfitriões, Sr. & Sra. Choto.

Há uma salva de palmas geral quando Simon McIntyre, um dos convidados
brancos, se apresenta para propor o brinde.
Com o anúncio, Sally e Rwizi, que estavam separadamente, misturando-se com os
convidados, juntam-se a Belinda, Sam e João. Estão juntos à parede, cercados por
dois casais, um branco, um índio.

McIntyre: Obrigado, muito obrigado. É uma grande honra, senhoras e senhores. É com grande prazer que estou aqui para celebrar os nossos campeões da Rhodesia Ballroom Dancing Association de 1977, Sally e Rwizi Choto. Não posso deixar de dizer que são ocasiões como esta que caracterizam a nossa bela sociedade rodesiana. Esta ocasião é um exemplo da amizade através das linhas de cor que desfrutamos na Rodésia. Os nossos inimigos comunistas em Londres e Maputo, que acusam o nosso governo de oprimir os africanos, não sabem do que se fala, porque se recusam a ver a verdade; esta ocasião é a prova dessa verdade.
Olhem para Sally e Rwizi, eles são um exemplo de prosperidade africana na Rodésia. Mostram que todo o africano que trabalha duro e recebe uma educação tem a mesma oportunidade que os brancos, os índios e os mestiços na Rodésia. Este casal maravilhoso não é o único. Olhem ao redor desta sala, isso significa sucesso, não é?

Convidados: Apoiado!

McIntyre: Antes de apresentar o troféu e brindar aos nossos campeões, Rwizi e Sally, quero fazer uma declaração. Não quero fazer disto um brinde político, mas dói quando estes comunistas Zapu e Zanu em Maputo e Lusaka mentem e acusam os brancos da Rodésia de serem racistas. A Rhodesia Ballroom Dancing Association tem diferentes clubes de dança de salão sob a sua égide, cada raça com o seu próprio clube e a sua própria área residencial, mas eu posso vir aqui, a uma casa africana para uma festa e assim também podem Sally e Rwizi vir para a minha. A nossa associação de dança de salão é um bom exemplo de harmonia racial na Rodésia.

Convidados: Apoiado!

Enquanto McIntyre faz o seu discurso, André entra pela estrada. Ele está mal vestido. O saco de papel pardo com as roupas e o chapéu do pai está numa mão e o outro saco de papel com o pacote da bomba está na outra. Ele fica à porta enquanto McIntyre propõe o brinde.

McIntyre: Este casal gracioso merecia conquistar-nos, especialmente alguns de nós que temos dois pés esquerdos...

(Risos)

João vê André parado na porta parcialmente aberta e começa a mover-se em direcção a ele.

McIntyre: Senhoras e Senhores , é com grande prazer que brindo aos campeões da Rhodesia Ballroom Dancing Association para 1977, Sally e Rwizi Choto.

As taças clicam enquanto brindam aos seus anfitriões.

João chega à porta e abre-a.

Convidados: Saúde, aplausos.
               Pois eles são um casal muito bom,
               Pois eles são um casal muito bom,

João: Tio André, onde estiveste? Há uma festa a acontecer, mamãe e papai ganharam, entre.

André: Olá, João; chama o teu pai para mim.

João: Entre, há festa.

André: Depois que eu falar com o teu pai, vá lá, chama-o.

Convidados: E assim dizemos todos nós,
               E assim dizemos todos nós:

Pois eles são um casal muito bom,
Pois eles são um casal muito bom.

Rwizi: Ah, olha quem está aqui... olá Mupamombe. Estou tão feliz que foi buscar o nosso pai. Onde está o pai?

André: Tenho más notícias, irmão.

Rwizi: O que poderia ser tão mal numa noite de festa como esta? Seja o que for, vou resolver. Espera aqui deixa-me pegar Benjani para arranjar alguma comida e algo para beber. Esta noite, tu e o pai dormem no quarto dele. Pode dormir em qualquer lugar, não me importo. Deixa-me ir buscá-lo a...

Rwizi vira-se para voltar para dentro da casa. André vira-o para trás segurando-lhe os ombros.

André: Espere, espere... Eu vim dizer que o pai está morto.

Rwizi: Do que estás a falar? O pai está morto? Não pode ser.

André: Sim, ele está morto e tudo o que resta dos seus pertences está neste saco de papel. Vim contar-te isso e agora volto para o enterrar, lá em Plumtree para onde o mandou para morrer.

Rwizi: O pai está morto? Morto?

André: Sim. Está morto. Morto, sozinho em Plumtree, no lugar para onde o mandou. Agora estou de volta para o enterrar.

João: Pai, por que está a chorar? Por que o avô está morto?

Rwizi cai na borda do chão da varanda. João senta-se ao seu lado. Ambos estão a soluçar. André olha para eles permanecendo de pé os dois sacos de papel segurados na mão.

Pelo canto do olho, Sally vê André e corre para a porta. Ela está, como Rwizi, também um pouco bêbada de álcool. Ela empurra André para o outro canto da varanda antes de ver Rwizi e João sentados atrás dela no chão soluçando.

Sally: O que estás a fazer aqui?

André: Vim falar com o meu irmão.

Sally: Vieste estragar a minha festa. É isso que vieste fazer. Não nos deixarás sozinhos. Hein ? Não nos queres ver divertirmo-nos, não é?

André: Não sabia que tinham uma festa.

Sally: Agora sabes. Vai. Podes falar com o teu irmão algum outro momento no seu escritório.

Rwizi mal sussurra um grito para Sally, com João a enxugar as lágrimas.

Rwizi: Sally, deixa-o em paz.

Sally: O quê? Deixa-o em paz. Não. André, disse-te vai! Queres constranger-nos perante os nossos amigos. Olha para a maneira como estás vestido. Nem sequer te lavaste.

Rwizi continua sentado a abanar a cabeça.

Rwizi: Sally, disse-te, deixa-o em paz. O meu pai morreu.

Sally volta-se a Rwizi.

Sally: É por isso que estás sentado no chão sujo no seu novo fato? Eu já sabia disso. A minha amiga, Maria, a matrona, ligou para me contar. Eu ia contar na manhã seguinte à festa.

Sally volta-se para André:

Sally: E tu, por que tiveste que vir aqui esta noite no meio da nossa festa do ano com os nossos amigos dançarinos de salão para lhe dizer isso? Não poderias ter esperado até amanhã em que os nossos amigos se terão ido? Eu ia contar-lhe.

André: Não tenho que tolerar isso de si. Não sou o meu irmão Rwizi, a quem domou como o seu servo Benjani.

Rwizi levanta-se e agarra a mulher pelos ombros e vira-a.

Rwizi: Sally, sabias que o meu pai estava morto e não me contaste? Disse-te para deixar o meu irmão em paz. O meu pai morreu.

Sally corta-o com a sua voz gelada.

Sally: Lamento. Sim, eu ouvi-te, mas...

Rwizi: O meu irmão não vai a lugar nenhum.

João: Mamãe, deixa o tio André sozinho e o papai está a chorar...

Sally: Cala-te, João...

Rwizi: Não, Sally, cala-te a ti.

Sally: Não, não vou calar-me e deixar o teu irmão kaffir desajeitado vir à minha casa e constranger-me na frente dos meus amigos de alta classe.

João: Mamãe, não bate no tio André.

Rwizi: Sally, volta para dentro agora! Vai estar com os teus amigos de alta classe. O meu pai morreu. Que tolo fui eu. Vai, vai, agora! João já viu um comportamento adulto vergonhoso o suficiente para uma noite. Vai antes de eu fazer algo de que vou me arrepender. Eu tenho sido um tolo tão estúpido. Disse-te para voltar para a tua preciosa festa agora. Quero chorar o meu pai em paz!

Sally: Se não voltares lá comigo, o que vou dizer aos nossos amigos, aos nossos convidados...?

Rwizi: Não me importo. Diz-lhes qualquer coisa. Não quero saber. Diz-lhes que o meu pai morreu! Diz-lhes a mesma mentira que sempre lhes dizias quando eu faltava aos ensaios de dança para participar de reuniões políticas de libertação africana.

João: Não, não quero estar contigo e com os teus amigos. Quero ficar com o pai e o tio André. Papai, posso ficar aqui

fora contigo e o tio André? Tu e a mamãe disseram que
não há hora de dormir para mim esta noite.

Sally volta para dentro da casa sozinha.

Rwizi: João, entra no nosso quarto e traz-me a carteira e as
chaves do carro. Estão no toucador da mamãe.

*Rwizi vira-se para André, que ainda está sentado no chão a embalar o saco de
papel com o pacote da bomba.*

Rwizi senta-se no chão ao lado de André.

Rwizi: Não faço ideia de como vou seguir em frente com a
minha vida. Matei o meu pai. O homem que me fez e vendeu
o gado dele para que eu pudesse consguir um Bacharelato e
comprar esta casa que tenho; permiti que esta mulher o
expulsasse. Meus antepassados, para onde me viro para
esconder a minha vergonha. Meus antepassados, como peço
perdão. Não há nada o que o meu pai não faria por mim. Até
foi para a morte naquela casa de idosos abandonados de
Plumtree apenas para que ficasse feliz com a minha suposta
esposa. Mãe, oh minha mãe, Mukumbudzi, por favor me ouça.
Por favor, peça ao meu pai que me perdoe. Diga ao meu pai,
embora eu seja um homem crescido, sou um tolo, não mais
sábio do que o seu neto João. Vou fazer as pazes. Vou buscar
o corpo dele. Vou levá-lo para a nossa aldeia em Mhondoro e
enterrá-lo ao seu lado. Não me importo com os bloqueios de
estradas da polícia e dos soldados ou com a lei do governo de
Ian Smith. Não me importo com nenhuma treta desse homem
branco. Vou dar ao meu pai um enterro tradicional africano
Mupamombe adequado. Haverá música *mbira* para celebrar a
vida de Majasi. Sou o vosso filho, o meu lugar é convosco os
meus antepassados, este é o vosso país, este é o nosso país. O

corpo do meu pai pertence à nossa casa. Eu fiz-lhe mal, meu pai, na sua vida, não vou o enganar na morte.

João regressa com a carteira do pai e as chaves do carro, seguido de Belinda que sai para ver o que se passa.

Rwizi vira-se a André.

Rwizi: Mupamombe, levanta-te.

Belinda vê o chapéu de Majasi no chão.

Belinda: Rwizi, o que está a acontecer? Por que o chapéu de avô está no chão.

Rwizi (*desanimado*): O meu pai morreu.

Belinda: O avô morto? O quê? Onde é que ele está?

Rwizi: Plumtree.

Belinda (enquanto pega no chapéu): Plumtree? O que é que estás a dizer? Por que ele está em Plumtree?

Rwizi: Vai perguntar à tua amiga lá. Eu, o meu irmão e o meu filho vamos conduzir para ir buscar o corpo dele agora. Vamos enterrá-lo em Mhondoro ao lado da minha mãe.

Belinda (com lágrimas nos olhos): Rwizi, sinto muito que o avô esteja morto, era um grande homem. Sinto muito.

Rwizi: Temos que ir agora. Não me importo mais com os discursinhos de Sally.

Belinda (*a chorar*): Como isso podia acontecer?

Rwizi: Pergunte a Sally. Não tenho respostas.

Rwizi vira-se para João.

Rwizi: João, vamos para Plumtree agora. Pega as coisas do teu avô e coloca-as naquele saco que o teu tio tem nas mãos.

André: Não, *mukoma*, não podemos colocar as coisas do nosso pai neste saco. Há um pacote lá dentro dos nossos meninos no mato. Temos de entregar o pacote aqui em National a caminho de Plumtree para ver sobre o pai.

Belinda está a chorar, segurando o chapéu de Majasi enquanto as luzes esvanecem para preto.

(As luzes esvanecem)

Página em branco

EPÍLOGO

Cena 2

(Esvanecimento das luzes)

Quando as luzes se acendem, estamos na sala de estar dos Choto. Os convidados foram-se embora. Belinda ainda tem o chapéu de Majasi nas mãos; está de pé com Sam a consolá-la.
Sally está sentada numa cadeira sozinha, segurando o troféu de campeã do baile de salão.

Sam: Alguém pode me dizer o que se passa? Belinda, por que estás a chorar, e Sally está sentada ali sem dizer nada. Sally, o que se passa?

Sally (a falar *consigo própria*): Que o André arruinou tudo. (*Meneando a cabeça*) Viu como os meus convidados acabaram de sair da minha festa? O MC acabou de me entregar este troféu quando estava a sair como se fosse uma reflexão posterior. Nem tive a oportunidade de fazer o meu discurso. Rwizi saiu. O fotógrafo saiu. A nossa imagem não estará no jornal amanhã. Que o André arruinou tudo. Porquê? Porquê? Porquê?

Sam: Belinda, o que aconteceu enquanto eu estava no casa de banho? O que se passa com Sally? De que ela está a falar?

Belinda: Não sei. Rwizi disse para perguntar a Sally por que o pai dele estava em Plumtree.

Sally (a falar *consigo própria*): Não haverá fotos minhas com o meu troféu no jornal, não haverá fotos minhas e do meu marido no jornal amanhã. Por que é que toda a gente saiu quando a festa estava a decorrer tão bem?

Belinda: Disse-lhes que o pai de Rwizi, que eu pensava que estava a dormir no quarto, morreu. Disse-lhes que Rwizi não voltaria para a festa. Foi por isso que partiram; não era apropriado estar a dançar na casa de um homem morto.

Sally: Mas o pai de Rwizi não morreu nesta casa, morreu em Plumtree.

Sam: Morreu em Plumtree? O que ele fazia em Plumtree?

Sally: Encontrei um lar de idosos muito agradável em Plumtree, onde estaria com pessoas da sua própria idade, sua própria espécie. Eu sugeri que Rwizi o colocasse lá porque era bem recomendado pela minha amiga Matrona Katatu e, com essa guerra a travar-se, era o melhor lugar que eu podia encontrar.

Sam: Fizeste o quê? Estou confuso. Por que Rwizi aceitaria colocar o pai num lugar desesperado destinado a africanos estrangeiros que não têm família neste país? Não percebo isso. Vocês são a família de Avô Majasi, por que precisava de estar em tal lugar?

Sally: Ele não era da nossa casa. Com os seus modos africanos, não era uma boa influência para o meu filho, João. Somos uma família culta europeia. Não viu todos os brancos, mestiços e índios que vieram à nossa festa? Queria fazer a festa do campeonato aqui na nossa casa, com pessoas que são só como nós. O pai de Rwizi não pertencia a este lugar porque falava em Shona na casa onde estou a ensinar o nosso filho João a falar apenas em Inglês. Disse a Rwizi que ele estaria melhor com outros velhos africanos que falam Shona a viver em outro lugar e é por isso que encontrei o lugar em Plumtree. Agora está tudo arruinado porque ele está morto lá e Rwizi deixou-me exactamente como eu sabia que ele faria se eu lhe tivesse dito. É por isso que eu não lhe tinha dito que o pai estava morto.

Belinda: O que queres dizer? Já sabias que o pai dele estava morto? Sabias tudo?

Sally: Sim, a minha amiga, a Matrona Katatu, ligou-me e disse-me. Morreu há dois dias.

Belinda: O quê?

Sally: Eu ia contar-lhe amanhã depois da festa. Só queria que os nossos convidados se divertissem na festa e tivessem as nossas fotos com este troféu no jornal. Mas que o André tinha de vir esta noite e dizer-lhe, só para me estragar a festa. Ele arruinou a única oportunidade que eu tinha de mostrar aos meus amigos brancos que não somos africanos comuns. (Soluçando silenciosamente) Oh meu Deus, sem fotos no jornal.

Belinda: Não importam as tuas fotos e os teus supostos amigos brancos. Há dois dias, foi-te dito que o pai do teu marido estava morto. Ele morreu há dois dias, e não lhe disseste? O que se passa contigo? Não vês nada de errado com o que fizeste?

Sally: Que diferença teria feito se eu lhe tivesse dito, então, que o seu pai já estava morto? Conheço o meu marido; Eu sei como ele pensa. Se eu lhe tivesse dito que o seu pai estava morto, ele teria abandonado tudo aquilo por que trabalhei arduamente para ganhar o campeonato europeu de dança de salão de música clássica como fizemos. Ele teria me deixado sozinha, e não teria ganho o troféu de campeão sozinha porque danço melhor quando estou com Rwizi. Ele sabe como mover o meu corpo. Rwizi teria me dito para arranjar outro parceiro de dança de salão e organizar esta festa sozinha. Então, era melhor esperar para lhe dizer quando eu sabia que teríamos tempo para funerais. Até agora, não tivemos tempo para isso. Tratava-se de ganhar o troféu de campeão da Rhodesia Ballroom Dancing Association e de colocar as nossas imagens nas páginas dos jornais. (Ela faz uma pausa) Sabem, não posso acreditar que, depois de tudo isso, aquele fotógrafo de jornal nem sequer tirou uma foto minha segurando o troféu. Ele acabou de sair com todos. Foi tudo em vão. (Ela soluça)

Belinda: És uma mulher louca. Louca. Sim, concordo, se estás arruinada, a culpa é tua. Depois de expulsar o sogro da casa do próprio filho porque querias fazer esta festa estúpida, acrescentaste insulto à injúria, ao não dizer ao filho, ao marido, que o pai dele estava morto há dois dias. É inconcebível que tenhas mandado aquele grande homem para a morte assim. És uma profissional médica. O avô Majasi não estava bem. Sabias disso. Ele era o pilar da tua família. És uma mulher louca - para esconderes o pilar da tua família apenas para poderes fazer uma festa com esses dançarinos de salão pretensiosos e ter a tua foto no jornal? Sally, mal conheces essas pessoas. Viste? Algum deles expressou-te condolências quando fizeram uma linha recta saindo da tua casa? Não. Tu sabes porquê? Porque não te conhecem e é provável que nem se importem.

Sally: Bee, estás a falar como o meu marido agora. Não é justo. Estás a culpar-me pela morte do pai dele.

Belinda: Do jeito que agiste, poderias muito bem ter colocado um travesseiro sobre o rosto dele e sufoca-lo até a morte. Sim, as tuas acções contribuíram para a morte dele.

Sally: Não, Não o matei. Rwizi também sabe disso, não matei o pai dele. Mas ele saiu daqui zangado comigo. Não é justo. Levou o meu filho com ele. Não sei o que fazer. Rwizi e o meu filho são a única família que tenho. O que vai acontecer comigo? Ele não pode me culpar pela morte do pai. Como eu podia saber que o homem iria morrer em Plumtree? O que é que vou fazer?

Sam: É melhor recuperares o autocontrole e pensares em como vais redimir-te.

Sally: Não sei o que fazer.

Belinda: Primeiro, deita fora esse troféu estúpido de dança de salão que tens na mão. Deita-o na lata do lixo onde o teu marido nunca mais o verá. Segue-o. É melhor alcançá-lo   e dizer-lhe que estás arrependida antes que ele enterre o pai e o vosso casamento junto.

Sally: Arruinei tudo. Não sei o que fazer. Não sei o que fazer.

Belinda: Estou muito chateada contigo e a tua obsessão por todas as coisas europeias. Tenho a boa vontade de te deixar a ti e à tua miserável vida europeia.

Sam: Não, querida. Não podemos simplesmente sair. Ela é tua amiga; vamos conduzir para Plumtree com ela e ir para Mhondoro e ajudar Rwizi a enterrar o pai.

Sally: Oh, obrigada Sam. Obrigada Bee.

Belinda: Tudo bem, muda de roupa. Não temos muito tempo. Encontra um *doek* para cobrir a tua cabeça e um pano da Zâmbia para o teu vestido para o funeral. Vamos buscar-te em algumas horas.

Sally: Mas não preciso de um pano da Zâmbia, isso é para mulheres pobres. Vou usar este vestido preto. A coisa civilizada é apenas vestir preto para um funeral.

Belinda fica exasperada.

Belinda: Não, não, o vestido preto de que estás a falar não é longo o suficiente para usares num funeral. Não é traje adequado para uma mulher. Seria desrespeitoso na nossa sociedade tradicional africana. (Meneia a cabeça) Não conheço nenhuma mulher africana no nosso país que não tenha um pano da Zâmbia para ir a funerais. Bem, espero que tenhas algo para cobrires a tua cabeça e também não me refiro a um chapéu de chá inglês.

Sally: Eu tenho um *doek* para cobrir a minha cabeça.

Belinda: Muito bem, então, o meu marido e eu vamos conduzir para o funeral do Avô Majasi para homageá-lo. Ele é o pai do nosso amigo e era um grande ser humano. E eu vou lá, para colocar o chapéu dele no caixão porque o amávamos muito. E tu, Sally, podes fazer o que quiseres.

Sally: Vou convosco. Obrigada.

FECHA-SE A CORTINA

FIM